LUIZ EDUARDO ANELLI

DINOSSAUROS E OUTROS MONSTROS

UMA VIAGEM À PRÉ-HISTÓRIA DO BRASIL

Ilustrações de Julio Lacerda

UNIVERSIDADE DE SÃO PAULO

Reitor **Vahan Agopyan**
Vice-reitor **Antonio Carlos Hernandes**

 EDITORA DA UNIVERSIDADE DE SÃO PAULO

Diretor-presidente **Lucas Antonio Moscato**

COMISSÃO EDITORIAL
Presidente **Rubens Ricupero**
Vice-presidente **Valeria De Marco**
Carlos Alberto Ferreira Martins
Clodoaldo Grotta Ragazzo
Maria Angela Faggin Pereira Leite
Ricardo Pinto da Rocha
Tânia Tomé Martins de Castro
Suplentes **José Roberto Castilho Piqueira**
Marta Maria Geraldes Teixeira
Sandra Reimão

Editora-assistente **Carla Fernanda Fontana**
Chefe Div. Editorial **Cristiane Silvestrin**

 EDITORA PEIRÓPOLIS LTDA.

Editora **Renata Farhat Borges**

APOIO

*À minha maravilhosa mãe, Maria de Lourdes,
que sempre me amou, e jamais desistiu de mim.*

T   O   D   O   S   OS ELEMENTOS QUÍMICOS

QUE NOS CONSTITUEM,

BEM COMO TUDO O QUE A I N D A FARÁ PARTE DE NÓS,

JÁ FEZ PARTE DA PRÉ-HISTÓRIA,

MILHÕES,

BILHÕES DE ANOS ATRÁS,

ANTES MESMO DA VIA LÁCTEA EXISTIR.

DE CERTO MODO,

A PRÉ-HISTÓRIA ESTÁ AQUI MESMO,

DENTRO DE NÓS.

L. E. ANELLI

> *Considere que, como que em uma reencarnação cósmica, cada átomo que hoje compõe nosso corpo já fez parte de diferentes estrelas antes da formação do nosso Sol, bem como de milhões de seres vivos desde que a Terra se formou e a vida se desenvolveu. Planetas, estrelas e organismos vêm e vão, mas os elementos químicos, reciclados de corpo em corpo, são, de fato, eternos.*

(Peter D. Ward e David Brownlee, *Rare Earth*, p. 37, 2003)

PREFÁCIO

É difícil prefaciar este belo livro sobre dinossauros e outros monstros, escrito pelo intrépido paleontólogo e admirado amigo Anelli, sem cair na tentação de contemplá-lo com desmedidos elogios. Independentemente disso, contudo, não há dúvida de que já passou da hora de aparecer uma obra tão consistente e organizada, que expõe com tanta clareza e didatismo os processos geotectônicos que ensejaram o aparecimento da vida e sua colossal diversificação, desde o nascimento da Terra.

Como parte dessa evolução, o livro trata da história de um grande número de criaturas pré-históricas que vicejou em nosso território sob as mais diversificadas formas nas últimas três eras geológicas. O fato de ser Anelli biólogo especializado em paleontologia proporcionou-lhe vasto conhecimento, permitindo-lhe abordar a evolução de forma sistemática e diferenciada, num contexto da tectônica de placas e catástrofes que promoveram sucessivos ciclos de aparecimento e extinção de espécies, ao longo do imensurável tempo geológico.

Configurou-se, desse modo, uma narrativa inédita que, como um romance muito bem concebido, revela os episódios da vida dos dinos no Brasil numa sequência contínua e encadeada de eventos bem demarcados, obedecendo a uma cronologia precisa. Concorre para o grande valor da obra, de fácil e empolgante leitura, o fato do autor ser um educador apaixonado, ansioso em transmitir informação ao público, especialmente o jovem, incentivando a compreensão da importância dos fragmentos do nosso patrimônio paleontológico e a contribuição destes para a preservação e evolução do conhecimento.

Em função da riqueza de informações sobre a evolução da Terra e da vida, o presente livro é também valiosa fonte de consulta para os estudiosos e profissionais ligados às áreas de biociências e geociências, sobretudo no ramo da paleontologia. As primorosas ilustrações que acompanham o texto, elaboradas pelo jovem e talentoso paleoartista Julio Lacerda, demonstram rigor científico e inspiram uma inesquecível viagem no tempo. A leitura desta valiosíssima contribuição ao conhecimento sobre a vida e a morte dos dinos e de outros monstros na pré-história do Brasil é gratificante e altamente recomendável.

É importante esclarecer que o termo pré-história, originalmente utilizado por arqueólogos para designar o tempo da existência humana antes da escrita, foi utilizado neste livro em seu sentido mais amplo, retrocedendo profundamente no tempo até a origem do universo.

ANDREA BARTORELLI

CAMINHE PELO LABIRINTO DE Ma E Ga,*
COM INFORMAÇÕES E IMAGENS DA NOSSA PRÉ-HISTÓRIA

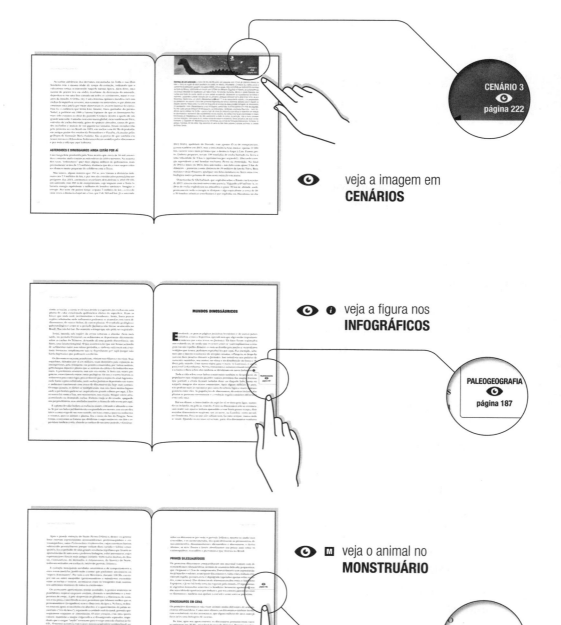

veja a imagem em
CENÁRIOS

CENÁRIO 3
página 222

veja a figura nos
INFOGRÁFICOS

PALEOGEOGRAFIA
página 187

veja o animal no
MONSTRUÁRIO

página 196

* **Ma= Milhões de anos**
  Ga= Bilhões de anos

SUMÁRIO

O LABIRINTO DA PRÉ-HISTÓRIA 11

ARQUIVOS DO TEMPO PROFUNDO 15

O MUNDO POUCO ANTES DOS DINOSSAUROS 17

A VIDA SE RECUPERA 21

A VASTIDÃO DO PANGEA 28

DINOSSAUROS, VULCANISMO E ASTEROIDES 32

O VOO DA VIDA 37

OUTROS BICHOS E OUTRAS PLANTAS 41

O TEMPO GEOLÓGICO E A VIDA PRIMITIVA 54

A VIDA NÃO TÃO ANTIGA 63

A VIDA NOVA 72

DE VOLTA À ERA MESOZOICA 83

O JURÁSSICO 90

MUNDOS DINOSSÁURICOS 93

O CRETÁCEO 101

SOMBRAS E PEGADAS 110

O MAR VIROU SERTÃO 119

ARGENTINA E BRASIL 126

A VIDA COMO ELA FOI 129

O FINAL DA ERA MESOZOICA 136

O LABIRINTO GLOBAL 143

REFERÊNCIAS 151

CENÁRIOS 159

INFOGRÁFICOS 189

MONSTRUÁRIO 205

BIOGRAFIAS 245

O LABIRINTO DA PRÉ-HISTÓRIA

O Brasil possui guardada sob sua superfície uma longa e fascinante pré-história, empilhada na forma de um grandioso edifício rochoso. Milhões de pequenos fragmentos das últimas centenas de milhões de anos eram registrados enquanto espessas camadas de sedimentos se acumulavam em imensas depressões da crosta em terras hoje brasileiras. Nessas rochas, encontramos petrificadas as sucessões de ambientes que existiram no passado, em cenários muito diferentes dos atuais, onde mares, desertos, montanhas, regiões vulcânicas, pantanais e estranhas florestas se sucederam pelos andares do tempo. E não apenas isso. Nesse tempo e geografia esquecidos, multidões de animais e plantas floresceram, evoluíram, sobreviveram ou se extinguiram. Combinados a um tempo exageradamente longo e à incansável geologia, os restos e vestígios da sua existência também foram caprichosamente preservados nas rochas. São os fósseis, sinais da vida pré-histórica, janelas através das quais podemos enxergar um passado incrivelmente profundo que, no Brasil, até onde conhecemos atualmente, chega à metade da história deste mundo: 2,4 Ga (giga-anos = bilhões de anos).

Dentre as criaturas que por aqui perambularam, estavam os dinossauros. Ao contrário do que em geral aprendemos, eles não foram completamente extintos, de modo que sua presença em nossas terras ultrapassa os tão falados 160 Ma (mega-anos = milhões de anos). Incluindo aqueles que sobreviveram à grande extinção, os dinossauros somam hoje pouco mais de 230 Ma de ocupação. Como no Brasil seus esqueletos aparecem em rochas formadas durante o início da era Mesozoica, no período das primeiras linhagens, sua própria pré-história está guardada sob nossos pés. É mais que um privilégio possuir em nossas terras o registro do nascimento da mais diversificada e duradoura linhagem de vertebrados terrestres que a vida produziu – uma riqueza só possível de ser acumulada ao longo do descomunal tempo geológico.

Mas, além dos dinossauros, outros seres admiráveis evoluíram, lutaram pela vida, procriaram e encontraram a morte nestas terras, deixando milhões de esqueletos fossilizados. São aqui chamados de monstros não porque foram abomináveis, seres detestáveis que desejaríamos jamais terem existido. Ao contrário. Foram monstros pela dimensão dos desafios que enfrentaram e das conquistas que tiveram, seres de um tempo distante, testemunhas dos momentos mais rigorosos que a vida atravessou, catástrofes grandiosas às quais não resistiríamos nem mesmo com todo o aparato tecnológico hoje disponível. Eles exploraram com grande habilidade e delicadeza tudo que a Terra ofereceu, sem destruí-la ou desperdiçá-la, sem cobiça ou exageros. Foram eras sem egoísmo, arrogância ou corrupção. Temos muito a aprender com esses monstros e, quem sabe, mudar os rumos da nossa própria história.

Nessa vastidão temporal, tais criaturas assistiram a mudanças radicais no clima, na geografia, na flora, na fauna e até mesmo no cosmos. No tempo da extinção dos grandes dinossauros, um pouco mais próxima da Terra, a Lua tinha como pano de fundo um céu de constelações completamente diferentes das que haviam brilhado sobre as espécies do início da linhagem, quase 160 Ma antes. Aqueles monstros testemunharam o nascimento e a morte de continentes e oceanos e a formação de algumas de nossas maiores riquezas minerais, de feições do relevo vistas ainda hoje, do aparecimento dos primeiros mamíferos, dos répteis voadores, dos répteis marinhos, das primeiras plantas com flores. E, para não ficar a impressão de que a vida era fácil, além das muitas crises biológicas continentais que atravessaram, sobreviveram a tremendas extinções em massa.

Em um intrincado labirinto geológico, construído ao longo de um tempo quase infinito que permeou nossa mutante geografia ancestral, essas incríveis criaturas serão para nós como o fio de Ariadne, guiando-nos pelos corredores e salões da pré-história, por mundos praticamente desconhecidos, por fatias rochosas que o tempo permitiu à geologia guardar. Ao longo do tempo, o grande edifício labiríntico cresceu com andares que o tempo também desfez, e que hoje estão rompidos por escadarias que por vezes nos levam de uma era a outra em grandes saltos da vida e da geologia, dos dinossauros aos mais antigos organismos guardados nas profundezas do tempo bilhões de anos atrás, do tempo de um tórrido deserto ao momento quando a Antártica ganhou suas primeiras geleiras.

Essa história extraordinariamente antiga, guardada nas rochas abaixo da superfície onde vivemos, é um tesouro que pertence a todos, mas especialmente a nós brasileiros, e é nossa responsabilidade revelá-lo. No entanto, ele ainda permanece praticamente ignorado. É fato que a maioria de nós desconhece o passado das terras que habitamos. Nossa educação escolar sempre foi nutrida com a vida pré-histórica de regiões distantes, em cenários antigos completamente diferentes, de modo que muito do que sabemos sobre o passado profundo não nos diz respeito, não nos fala do passado de nossas terras, não é nossa propriedade. Em decorrência disso, ignoramos os dinossauros e seres que aqui viveram, bem como tudo que este imenso país atravessou por centenas de milhões de anos para chegar ao que é. Toda a vida hoje diante de nós, as paisagens que nos cercam, as rochas que fundamentam os terrenos sobre os quais vivemos e morremos, derivam dessa pré-história abaixo de nós, e é nosso dever conhecê-la.

Assim como a história recente, conhecer a nossa pré-história amplia a identidade que temos com o chão que pisamos, tornando o passado da região onde vivemos ainda mais rico, atraente e, certamente, muito mais longo.

Seguiremos pelo grande labirinto geológico e paleontológico sempre agarrados aos dinossauros, como o novelo dado a Teseu. Eles nos levarão pelos corredores e salões do tempo e geografia petrificados nas rochas, ao encontro de criaturas em seus requintados cenários – das mais antigas evidências de vida encontradas nestas terras, seres ainda microscópicos que modificaram radicalmente a superfície terrestre, até gigantes que nos ajudarão a trazer das profundezas o orgulho de possuirmos nossa própria pré-história.

CENÁRIO 1
página 159

Os mais antigos arquivos da vida em nossas terras – No início do éon Proterozoico, 2,4 Ga atrás, as águas marinhas invadiram os continentes, determinando uma paisagem completamente diferente nas terras do atual sul do estado de Minas Gerais. Nesse tempo, protozoários, plantas, fungos e animais ainda não existiam, pois a vida eucariótica ainda não havia surgido. O mundo submerso nas águas em toda a Terra estava colonizado somente pelas bactérias e arqueas. Nesta paisagem, cianobactérias erguem seus estromatólitos nas margens do grande mar proterozoico que inunda parte de uma pequena placa continental, que mais tarde se fundirá ao grande cráton cristalino brasileiro. São essas as mais antigas evidências de vida pré-histórica no território brasileiro. A Lua, que vagarosamente se afasta da Terra desde sua origem, estava, nesse tempo, cerca de 90 mil km mais próxima e parecia ser 25% maior, traduzindo sua atração sobre as massas de água terrestre em gigantescas marés. Exceto pela aparência maior e por uma ou outra grande nova cratera observada hoje com a ajuda de um pequeno telescópio, a Lua já apresentava uma aparência muito semelhante à atual. As manchas mais escuras, visíveis da Terra ainda hoje, se formaram entre 4 Ga e 3,2 Ga atrás, mais de 800 Ma antes do momento representado nessa ilustração. Com o interior lunar ainda quente, os impactos de grandes asteroides rompiam sua crosta, permitindo que enormes quantidades de basalto fossem derramadas sobre sua superfície, enchendo imensas crateras. São mares – não de água, como pensou Galileu –, mas de basalto, rocha quase tão escura quanto asfalto. A Lua faz parte da nossa pré-história. Enquanto isso, na Terra, neste ambiente dominado pelas bactérias, se depositavam os sedimentos que deram origem às rochas da formação Gandarela, no início do éon Proterozoico, 2,4 Ga atrás, hoje expostas na região do Quadrilátero Ferrífero, a sudeste da cidade de Belo Horizonte, no estado de Minas Gerais.

Não obedeceremos de modo linear à sequência temporal, partindo de um começo distante até algum final esperado. Andaremos livremente pelo grande labirinto geológico/geográfico sem receio de nos perdermos. Temos em mãos os dinossauros e muitos outros monstros e, sempre que precisarmos, eles nos conduzirão pelo caminho desejado.

ARQUIVOS DO TEMPO PROFUNDO

É impossível não se surpreender com os dinossauros e os monstros pré-históricos que viveram nestas terras e com tudo que testemunharam durante sua longa existência. Incontáveis ossos e pegadas fósseis estão guardados há centenas de milhões de anos em rochas encontradas hoje por paleontólogos e geólogos em várias regiões do Brasil, às vezes dezenas de metros sob nossos pés, outras tantas junto à superfície, quase aparentes, a ponto de tropeçarmos nelas. Com esses esqueletos ficaram guardados outros vestígios de uma Terra misteriosa e desconhecida, quando a geologia, a biologia, o clima e, não em poucas ocasiões, objetos extraterrestres eram as únicas forças que comandavam o mundo.

Por várias razões, mas especialmente pelo calor acumulado no interior da Terra que move as rochas do manto, as placas que compõem a fina crosta terrestre sobre a qual vivemos sempre estiveram em movimento. Nessa animada ciranda geológica, continentes e oceanos nasceram e deixaram de existir, cresceram ou foram partidos, e trocaram de posição na gloriosa esfera terrestre. Por causa dessas mesmas forças, rochas sobre os continentes enfrentaram movimentos diferentes, verticais, afundando gradualmente ao longo de dezenas ou centenas de milhões de anos, dando origem a grandes depressões, imensas bacias onde sedimentos se acumularam com os restos e vestígios da vida que as cobria. Restos dessas regiões que sobreviveram à fúria dos processos tectônicos guardaram arquivos geológicos e biológicos do passado. Hoje, já consolidados, aqueles sedimentos foram transformados em espessos pacotes de rochas contendo fósseis, verdadeiros observatórios do tempo através dos quais podemos contemplar a nossa pré-história.

PERFIL GEOLÓGICO
página 189

Em outros momentos, no entanto, o oposto acontecia. Em vez de provocar o afundamento das rochas, os movimentos verticais as elevavam em longos esforços tectônicos, soerguendo a crosta e construindo montanhas que a erosão desmancharia em sedimentos que, no futuro, encheriam novas bacias revestidas com outras vidas. Assim, ao longo de centenas de milhões de anos, a geologia construiu as sucessões de rochas e fósseis que deixavam de cabelo em pé os cientistas dos séculos passados, que não conheciam a evolução nem as dimensões do tempo geológico, mas buscavam entender como tudo aquilo havia sido formado.

Solidificados nessas rochas pelo calor proveniente do núcleo terrestre, pela imensa pressão do material acumulado sobre eles e pelas soluções químicas que percolaram poros e fraturas, cimentando seus grãos, encontramos incontáveis esqueletos e carapaças de animais e plantas que a Terra quase milagrosamente conseguiu preservar. E não apenas isso. Lá estão os registros de outros tesouros da nossa pré-história: sinais geológicos das grandes mudanças no clima e nas paisagens, bem como marcas das ondas e tempestades ocorridas nos mares continentais que aqui se estabeleceram, do calor e sequidão insuportáveis de desertos que nos pareceriam eternos, da umidade das florestas que cobriram estas terras, das cicatrizes dos impactos de asteroides que cruzaram a órbita terrestre em inesperados, inevitáveis e fatais cataclismos. São as histórias verdadeiras de um tempo que pertence a todos nós, que nos ajudam a entender a força da Terra e o entusiasmo da vida, a substância da qual viemos, e como chegamos aqui.

Nesses mundos hoje petrificados, desde o início da quarta e última grande era geológica, quando os animais com carapaças se tornaram comuns, estão arquivados milhares de pequenos fragmentos dos pouco mais de 540 Ma decorridos até aqui. Pelo intrincado labirinto, uma mistura de criaturas quase mitológicas sucedeu-se na emaranhada árvore da evolução, sempre pilotada pelos movimentos incessantes da placa tectônica global. Há mais de cem anos, uma verdadeira legião de geólogos e paleontólogos vem retirando de terras brasileiras fatos e retratos que ajudam a montar nossa longa e maravilhosa pré-história.

O MUNDO POUCO ANTES DOS DINOSSAUROS

Vamos começar 250 Ma atrás, quando uma terrível extinção quase aniquilou a vida, e então penetrar as razões que podem explicar a origem dos dinossauros – e como se tornaram, pouco tempo depois, os vertebrados terrestres de maior sucesso da história da vida.

A GRANDE CALAMIDADE

Cerca de 20 Ma antes dos primeiros dinossauros aparecerem, entre 252 e 251 Ma atrás, uma grande catástrofe detonou os ecossistemas em todo o mundo. Nessa extinção em massa, a maior entre as cinco que devastaram a vida, de cada cem espécies que viviam nos mares, 95 desapareceram. Sobre os continentes, de cada cem, 78 sumiram. As plantas sofreram menos, com intensidades distintas em diferentes regiões do mundo. Muitos grupos sobreviveram, mas logo foram substituídos por novas linhagens que deram nova cara à era seguinte, a Mesozoica.

Mas, assim como ossos, pegadas de animais e restos de plantas se fossilizaram, também ficaram arquivados nos sedimentos que se formavam durante esse terrível momento outros tipos de vestígios dos eventos que provocaram a grande destruição. Com eles, os geólogos e paleontólogos tentam há décadas desvendar o que realmente aconteceu. Eles estão cada vez mais próximos da verdadeira história.

Dois eventos bem radicais podem ter acontecido e seus efeitos resultaram em uma cascata de tragédias ambientais globais, como escuridão, contaminação atmosférica, efeito estufa e chuva ácida, que causaram o desmoronamento das cadeias alimentares nas águas e na terra seca.

Vulcanismo

Sobre o único e imenso continente da época, nas terras da atual Sibéria, não foi um grande vulcão que entrou em erupção, mas uma região inteira. Uma pluma de calor no manto estava sob aquela região, elevando, fundindo e finalmente fraturando a crosta. Com o alívio da pressão, as rochas do manto fundiram, jorrando como rios para a superfície por cerca de 200 mil anos. A massa basáltica resultante do esfriamento do magma expelido cobre hoje uma área do tamanho do México, com cerca de 2 milhões de km². No entanto, os geólogos consideram que a área total chegava a 7 milhões de km², quase o tamanho do Brasil, tendo sido grandemente reduzida pela erosão desde sua formação, 250 Ma atrás.

Com a lava expelida, o interior da Terra expulsava gases como vapor de água, dióxido de carbono (CO_2) e dióxido de enxofre (SO_2). Atravessando as fraturas da crosta em direção à superfície, as torrentes de rocha fundida cruzavam espessos depósitos de carvão formados com a morte das florestas que cobriram aquela área 100 Ma antes, no período Carbonífero – tempo no qual grandes jazidas de carvão se formaram pelo mundo. O gás carbônico atmosférico, o célebre CO_2, que hoje compõe somente 0,037% do ar que respiramos, dobrou de quantidade durante o tempo do vulcanismo. Isso pode ter elevado em até 4,5°C a temperatura média na superfície terrestre, que hoje é de 15°C, transformando o clima, desorganizando os ventos, o regime das chuvas e das correntes marinhas pelo mundo. Com o forte calor, a diferença de temperatura entre as águas nos polos e no equador – um dos motores que movem as águas oceânicas – diminuiu, enfraquecendo as correntes marinhas, causando a estagnação e consequente desoxigenação das águas profundas. Estas, apodrecidas, envenenaram as águas superficiais, tornando-as impróprias para a vida. A rápida resposta da flora e fauna marinha para tudo isso foi a morte, no melhor estilo "assim não dá".

Outros gases expelidos na Sibéria, contendo em sua composição enxofre, cloro e flúor, contaminaram a atmosfera – nenhuma das três linhagens de vertebrados voadores, pterossauros, aves e morcegos havia surgido até aquela época. Mas as águas das chuvas capturavam os novos ingredientes do ar e se tornavam ácidas, envenenando o solo e as águas dos rios, lagos e oceanos, intoxicando o mundo. Não havia para onde fugir. A superfície terrestre adoeceu completamente e, como que em um coma profundo, era difícil acreditar que a vida voltaria à lucidez.

Asteroide

Para piorar e acabar com tudo de vez, um asteroide com cerca de 4 km de diâmetro caiu em terras hoje no estado do Mato Grosso. A grande cicatriz deixada pela colisão, a cratera de Araguainha, com 40 km de extensão, ainda pode ser vista nessa região[1]. Com o impacto, tudo num raio de 250 km foi destruído em segundos, mas era apenas o começo. O pior estava por vir. O asteroide não era grande o bastante para induzir uma catástrofe global. No entanto, ele não caiu no oceano, como aquele do tempo dos dinossauros, mas em uma região diabolicamente perigosa – não pelo que era naquele momento, mas pelo que havia sido milhões de anos antes.

CRATERAS DE IMPACTO
página 190

Sob aquelas terras havia sido guardada uma longa história geológica. Um imenso pantanal pré-histórico, chamado pelos geólogos de formação Irati, ocupara boa parte das atuais regiões Centro-Oeste e Sul do Brasil por 30 Ma. Nas suas rochas, já parcialmente consolidadas, estavam armazenadas imensas quantidades de hidrocarbonetos derivados da matéria orgânica da vida que floresceu em suas águas. Ainda hoje, na região de São Mateus do Sul, no estado do Paraná, a indústria petroleira retira dessas rochas o óleo e o gás combustível que movimentam parte das indústrias das regiões Sul e Sudeste. Mas há 250 Ma, os terremotos desencadeados pela força da grande colisão chacoalharam a crosta até 2 km de profundidade, induzindo a liberação de uma grande quantidade desses gases, especialmente o metano (CH_4), gás invisível e inodoro, mas com poder de efeito estufa vinte vezes mais forte que o CO_2. Foi um grande e poderoso "pum" na Terra. O clima, que já era quente, com temperaturas

---

1. Ao longo do tempo geológico, milhões de grandes e pequenos asteroides caíram em território brasileiro, causando muito estrago e deixando imensas crateras. No entanto, diferente da Lua, aqui tudo é apagado, é só questão de tempo. Das milhões de crateras que existiram por aqui, os geólogos encontraram algumas. Além da cratera de Araguainha (MT), outras doze são conhecidas pelo Brasil.

que chegavam a 60°C no interior do Pangea, praticamente cozinhou o mundo por milhares de anos.

E mais: a poeira atirada para o alto pelo impacto monstruoso, somada à fuligem lançada pela grande erupção siberiana, impediram que a luz chegasse às plantas. Como sabemos, sem luz, os vegetais não realizam a fotossíntese e morrem, e são eles que dão início à cadeia alimentar. A vida já estava difícil com o calor e os ecossistemas envenenados; agora, com boa parte das plantas fora da jogada, tornou-se impraticável.

Duas outras calamidades já haviam abalado a vida de outros bichos e plantas milhões de anos antes (há 443 Ma, no final do período Ordoviciano, e há 374 Ma, no final do Devoniano), e a vida ainda enfrentaria duas outras crises bem mais tarde (há 200 Ma, no final do Triássico, e há 66 Ma, no final do Cretáceo)[2]. Esta do final do Permiano, no entanto, foi a maior matança que a Terra conheceu, a mais intensa, terrível e insuportável de todas as extinções em massa. Embora muitas espécies tenham desaparecido em todos os períodos de extinção, a vida sobreviveu a todas elas.

---

2. O parágrafo ilustra muito bem o fato de que, no passado, muito antes das datações radiométricas (ou absolutas, que nos dão as idades das rochas em milhões de anos), os geólogos e paleontólogos usavam as grandes interrupções no registro fossilífero para determinar os limites – início e fim – dos períodos e eras geológicas.

A VIDA SE RECUPERA
a conquista da era Mesozoica

A vida acabara de enfrentar sua terceira extinção em massa e mais uma vez teria que se recuperar para ocupar as terras e as águas. No entanto, isso não aconteceu imediatamente. Foram necessários 20 Ma para a fauna readquirir parte da sua diversidade.

A extinção foi poderosa e global, mas zerar a vida completamente não é fácil. Das bactérias aos eucariotas microscópicos, plantas, fungos e animais, algo sempre sobreviveu após cada uma das cinco grandes extinções em massa. Para acabar com a vida seria preciso secar as águas nos oceanos e sobre os continentes até dezenas de metros abaixo da superfície durante alguns milhares de anos – é assim que Marte se encontra há bilhões de anos, porque suas águas permanecem congeladas. Mas não foi o que aconteceu no final do período Permiano: com o DNA que tinham em mãos, os sobreviventes iniciaram a recolonização dos continentes e das águas, e com eles nasceu uma nova Era.

PEQUENOS SOBREVIVENTES

Durante a história geológica, organismos com algumas características peculiares sobreviveram às extinções e reocuparam as águas e os continentes. Animais e plantas de tamanho reduzido comumente têm populações maiores, com grande diversidade genética, e normalmente se reproduzem mais rápido. Esses organismos, chamados generalistas, sempre resistem aos fortes períodos de crise porque suportam um maior número de ambientes e fortes variações do clima, se alimentam de quase tudo e, muito importante, não têm frescuras para se reproduzir. Assim, nos períodos de recuperação após os grandes colapsos globais, a evolução pisou fundo com eles no acelerador da diversidade.

Após a grande extinção do limite Permo-Triássico, dentre os generalistas estavam representantes arcossauriformes proterosuquídeos e eritrossuquídeos, como *Proterosuchus* e *Erythrosuchus*, cujos ancestrais haviam sobrevivido provavelmente porque tinham dieta variada e hábito semiaquático. Era o prelúdio de uma grande revolução reptiliana que levaria ao aparecimento de uma nova e poderosa linhagem, a dos arcossauros, cujos representantes fósseis mais antigos incluem *Scythosuchus basileus*, da Rússia, *Ctenosauriscus*, da Alemanha, e *Arizonasaurus*, da América do Norte, todos encontrados em rochas do início do período Triássico.

A evolução incorporou novidades anatômicas e de comportamento a esses novos modelos, justificando o nome que ganharam: arcossauros ou "répteis dominantes". Por toda a era Mesozoica, durante 160 Ma, exceto por um ou outro sinapsídeo (protomamíferos e mamíferos) escondido entre as rochas e troncos, arcossauros eram os tetrápodes mais comuns nos ambientes terrestres de todos os continentes.

Os arcossauros apresentavam muitas novidades. A postura semiereta os possibilitava respirar enquanto corriam, elevando o metabolismo e a temperatura do corpo. A pele desprovida de glândulas e a eliminação do ácido úrico em pasta, e não diluída no xixi, permitiam que lidassem melhor que os protomamíferos (terapsídeos) com o clima seco da época. Na boca, os dentes estavam agora acomodados em alvéolos, e o aparecimento do palato secundário ("céu da boca"), separando a cavidade oral da nasal, permitia que respirassem enquanto se alimentavam. O novo coração, com uma quarta câmara, mantinha o sangue oxigenado e o desoxigenado separados, impedindo que o sangue "usado" retornasse para o corpo antes da eliminação do CO_2. O mesmo acontecia com o novo sistema respiratório unidirecional, no qual o ar respirado era sempre fresco, conservando constante o suprimento de oxigênio para o corpo – um sistema mais sofisticado e eficiente até mesmo que o dos mamíferos atuais. Foram também os arcossauros que deram início à construção de ninhos e ao cuidado com os filhotes.

Dos ancestrais arcossauromorfos brotaram duas linhagens de arcossauros que se tornaram soberanas: os crurotársios, dos quais nasceram tanto os já extintos rauisuquídeos, aetossauros e fitossauros, que reinaram até mesmo sobre os dinossauros por todo o período Triássico, quanto os ainda vivos crocodilos; e os avemetatarsalia, dos quais derivaram os pterossauros, dinossauromorfos, dinossauriformes silesaurídeos e dinossauros, e destes últimos, as aves. Pouco à frente abordaremos um pouco mais sobre os rauissuquídeos, crocodilos e pterossauros que viveram no Brasil.

PRIMOS SILESSAURÍDEOS

Os primeiros dinossauros compartilhavam um ancestral comum com dinossauriformes silessaurídeos, animais de anatomia delicada, pequeninos, que chegavam a 1,5 m de comprimento. Provavelmente com representantes já bípedes e velozes, eram quase dinossauros e, como estes, tinham crescimento rápido, postura ereta e digitígrada (apoiados apenas sobre os dedos, como as aves). Eles derivaram de dinossauromofos como o Argentino *Lagerpeton*, e já no início da nova era vagavam pelo mundo. O representante argentino *Lewisuchus admixtus* e o brasileiro *Sacisaurus agudoensis* nos dão uma ideia da aparência que tinham e, por seu estreito parentesco com os dinossauros, também nos ajudam a entender como estes se pareciam.

página 206

DINOSSAUROS EM CENA

Os primeiros dinossauros não eram animais muito diferentes de seus ancestrais silessaurídeos. Como estes últimos, os dinossauros também herdaram o sofisticado *kit* dos arcossauros, que alguns milhões de anos antes já fazia deles uma linhagem de sucesso.

De fato, após seu aparecimento, os dinossauros permaneceram raros na paisagem por 30 Ma, até o final do período Triássico. Durante esse longo tempo, ainda pequeninos, não eram páreo para os grandes predadores crurotársios e terapsídeos. No entanto, embora as espécies não fossem muitas, era alta a disparidade na linhagem.

Disparidade é a distância morfológica entre animais de um mesmo grupo, refletindo a relação que têm com a diversidade de ambientes e os nichos que ocupam – onde vivem, o que comem, com que animais e plantas se relacionam –, e esta foi a grande chave do sucesso dos dinossauros. Após a grande extinção em massa do final do Triássico (da qual ainda falaremos), os espaços ecológicos deixados vagos pelo desaparecimento dos primos silessaurídeos, crurotársios e terapsídeos foram rapidamente ocupados por uma legião de pequenos dinossauros ornitísquios, sauropodomorfos e terópodes. Era a recompensa da disparidade, da diversidade de modos de vida, que os ajudou a possuir os espaços ecológicos desocupados em três momentos diferentes no tempo, como veremos adiante. Eles tinham dieta variada, já estavam espalhados pelo mundo e, claro, possuíam o generoso *kit* dos arcossauros. E inovaram ainda mais. Além do crescimento acelerado que os levava rapidamente à idade adulta – o que os tornou capazes de se reproduzir logo –, muito provavelmente eram capazes da manutenção da temperatura corporal (um tipo de endotermia), que conferia a eles um metabolismo elevado que os mantinha ligados o tempo todo. Por fim, ampliando a eficiência do sistema respiratório unidirecional, possuíam sacos aéreos em cavidades ósseas, aumentando a capacidade de armazenamento do ar além dos pulmões. Com tudo isso, era evidente que logo tomariam todo o Pangea e, até que o mensageiro sideral chegasse, seriam poucas as linhagens capazes de desafiá-los em terra firme.

Por todos os 230 Ma, desde o início da sua existência até hoje, esses incríveis animais testemunharam as transformações geológicas, climáticas e biológicas ocorridas neste mundo. Podem também nos mostrar a história de si mesmos: como e onde viviam e morriam, o que comiam, o tamanho e aparência que tinham, o que viam e ouviam, como desceram às profundezas da crosta e voltaram à superfície, possibilitando que hoje seus ossos e suas almas petrificadas sejam encontrados. Contam-nos ainda como e por que alguns desapareceram enquanto outros sobreviveram às grandes extinções, em especial à última delas, que apenas por um fio – a fibra de uma pena, para ser mais exato – não os aniquilou. Tudo isso aconteceu em mundos que se sucederam no tempo. Mundos tão diferentes do atual que, se naquele tempo os avistássemos do espaço, desconfiaríamos tratar-se desta Terra.

Assim, desde que o primeiro filhote de dinossauro deixou seu ovo no Pangea, seus descendentes jamais deixaram nossas terras, e por isso nos mostram uma parte de tudo o que aconteceu por aqui.

Para os dinossauros, são duas grandes eras. A primeira, protagonizada sobretudo por gigantes descomunais, e a segunda, que perdura até os dias atuais, pelos miúdos emplumados que sobreviveram à grande extinção. Como em uma máquina do tempo, penetraremos com eles na admirável pré-história brasileira, sobreviveremos a terríveis extinções em massa e à queda de asteroides, cruzaremos rios e mares continentais, desertos, províncias vulcânicas e incríveis pantanais, em tempos e regiões repletas de criaturas delicadamente extravagantes.

PIONEIROS PRÉ-HISTÓRICOS BRASILEIROS

Dentre os dinossauros que viveram em nossas terras, alguns estão entre os primeiros do mundo, e cá entre nós, ser o primeiro, o número um, quase sempre é coisa boa. Por isso, quando os estudamos, conhecemos a pré-história dos próprios dinossauros: como, onde e por que evoluíram, o tamanho que tinham, quando e por onde vagaram, e por que se tornaram animais tão dominadores nos ecossistemas terrestres. Começava uma longa jornada evolutiva, o prelúdio de uma grande era.

Assim, podemos acompanhar essa espetacular história natural desde o seu início, o que é extraordinário. Em terras brasileiras, os fósseis mais antigos pertencem ao dinossauro gaúcho *Pampadromaeus* 🅜, que viveu 230 Ma atrás. Bem aqui ao lado, onde hoje fica a Argentina, estão esqueletos 1 milhão de anos mais antigos, nos dando a certeza de que a América do Sul foi o berço que embalou os primeiros dinossauros.

página 207

Naquela época, as terras brasileiras eram formadas por imensas e monótonas planícies onde prevaleciam o calor e a sequidão. Os mares que cobriram parte do Brasil na era passada haviam secado cerca de 20 Ma antes, dando lugar a imensos campos de dunas que se espalhavam por quase todo o território. Naquele quase inferno pré-histórico (o inferno de fato viria alguns milhões de anos mais tarde – tenha paciência que ainda o cruzaremos), a vida conseguiu se diversificar e se expandir.

Embora seca, em determinados períodos, a região hoje ocupada pelo Rio Grande do Sul contava com umidade suficiente para a formação de

Os primeiros dinossauros – Cerca de 20 Ma após a intensa perturbação global causada pela queda do asteroide de Araguainha e pelo longo vulcanismo na Sibéria, começam a surgir na paisagem os primeiros dinossauros. *Pampadromaeus* era um deles. Um único esqueleto encontrado indica que esse corredor dos pampas chegava a 1,20 m de comprimento e 15 kg. Seus ossos ocos, mandíbulas com dentes perfurantes bem espaçados e ossos do crânio articulados por ligações móveis, levaram seus descobridores a classificá-lo como um ágil predador. *Pampadromaeus* é também um ótimo exemplo de dinossauro ancestral, reunindo uma mistura de características que ainda confundem os paleontólogos quanto à determinação de seu parentesco. Nesta cena, *Pampadromaeus* acaba de encontrar um pequeno filhote já morto e parcialmente devorado do dicinodonte *Dinodontosaurus turpior*, animal herbívoro muito comum na época. Troncos fossilizados dessa densa floresta ocorrem hoje petrificados aos milhares em rochas do período Triássico próximas à cidade de Mata, no interior do Rio Grande do Sul. Nos ares, é possível que os primeiros pterossauros já estivessem presentes, No entanto, naquelas rochas, os fósseis desses répteis voadores até o momento encontrados são ainda motivo de controvérsia entre os paleontólogos brasileiros. Por outro lado, insetos como as libélulas já voavam havia 100 Ma. Nesse ambiente se formaram os sedimentos que hoje compõem as rochas da formação Santa Maria, bacia do Paraná, no período Triássico, 230 Ma atrás. Estão expostas hoje em uma estreita faixa que cruza o estado do Rio Grande do Sul, praticamente o único local em terras brasileiras onde evidências da vida pré-histórica do Triássico ficaram armazenadas. Sobre essas rochas encontra-se o Geoparque Paleorrota, onde é possível visitar diversos museus de paleontologia e afloramentos de rochas do tempo do supercontinente Pangea.

rios e lagos, e por isso algumas florestas puderam crescer naquelas bandas. À sombra das imensas árvores, os primeiros dinossauros e muitos outros bichos viveram e morreram, deixando para trás milhares de esqueletos e troncos fossilizados que hoje compõem um dos maiores e mais ricos cemitérios da vida pré-histórica brasileira.

Enquanto escrevia este livro, consultei vários amigos que me ajudaram a solucionar algumas dúvidas. Veja um dos e-mails a mim enviado por um geólogo experiente, o mesmo que escreveu o Prefácio, quando perguntei a ele sobre as rochas do período Triássico no Brasil.

> Anelli: no Brasil, o Triássico é mais raro que o próprio Jurássico – se consultar o mapa geológico do Brasil na escala 1:2.500.000 (CPRM, 2003) verá que, além de escasso vulcanismo (diabásio Cassiporé e uma intrusão alcalina), só existem sedimentos triássicos na serra dos Parecis (Permiano-mesozoico) e nas formações Piramboia e Rosário do Sul. Não sei se nesse período as bacias paleozoicas já tinham sido elevadas,

não permitindo a deposição de sedimentos, pois o Permiano foi bastante preservado tanto nas bacias do Paraná e Parnaíba como na do Amazonas, mas depois, só mesmo Piramboia e Rosário do Sul. O contato Permiano/Triássico foi quase todo, se não todo, para a cucuia...

Do pouco que restou dos sedimentos triássicos no Brasil, paleontólogos de várias universidades do Rio Grande do Sul já retiraram fósseis que compõem uma dentre as maiores coleções de animais desse período conhecidas no mundo, incluindo dezenas de espécies de tetrápodes arcossauros, vários dinossauros e seus ancestrais, protomamíferos, bem como outros monstros que viveram nestas terras quando os continentes que hoje conhecemos estavam unidos em uma única e assombrosa massa continental.

A VASTIDÃO DO PANGEA

Os primeiros dinossauros brasileiros viveram em um mundo muito diferente do atual. Não havia vários continentes, mas apenas um supercontinente, gigantesco, imenso, colossal: o Pangea. Foi um mundo interminável, de caminhos e passagens sem fim, do extremo norte ao extremo sul, do oriente ao ocidente, com montanhas, planícies, florestas e, especialmente no seu interior, muitas regiões desérticas. Mas, como na atualidade, as barreiras à dispersão dos animais e plantas eram várias. Havia cadeias de montanhas, zonas de calor insuportável, gigantescas e intransponíveis regiões ocupadas por desertos. No entanto, muitos seres descobriram suas trilhas, e por vias terrestres costeiras, montanhas, rios e correntes marinhas, se dispersaram pelo mundo.

Pangea tinha a forma de uma grande letra "C", e uma cordilheira o atravessava de costa a costa na região central, separando com uma grande muralha suas metades norte e sul. Essas montanhas cresceram por 65 milhões de anos, entre 325 e 260 Ma, em um evento geológico conhecido como Orogenia Apalachiana, resultado da colisão dos dois supercontinentes ancestrais: Gondwana, ao sul, e Laurásia, ao norte. Eles se comprimiram, elevando montanhas sabe-se lá a que altura – a colisão da Índia com a Ásia há 50 Ma ergueu o Himalaia, uma cordilheira com 2.400 km de extensão, onde estão os catorze picos do mundo com mais de 8.000 m e cerca de outros cem acima de 7.300 m.[3] O Everest é o recordista do pedaço, com 8.848 m, e está submetido há milhões de anos a uma intensa erosão, tanto pelo deslocamento de geleiras que trituram as rochas, como pelas águas nesta que é uma das regiões mais chuvosas do mundo. No entanto, as for-

---

3. Para que se tenha uma ideia do que isso representa, a maior montanha da América do Sul, o Aconcágua, não chega a 7.000 metros (tem 6.960 m).

ças que soerguerem as montanhas no Pangea atuaram por mais tempo, em um continente imenso, onde o clima seco restringia a erosão. Há um limite de peso que a crosta pode suportar, mas quem sabe se seus maiores picos não chegaram a 12.000 m de altitude? Restos dessas antigas montanhas ainda hoje resistem à erosão: os Apalaches, nos Estados Unidos (então parte da Laurásia), e as montanhas Atlas, no Marrocos, norte da África (então parte do Gondwana).

Na metade sul do imenso Pangea, 230 Ma atrás, as terras hoje brasileiras reuniam dois dos quatro principais ingredientes para uma boa receita de desertificação. Primeiro, estavam na Zona de Déficit de Umidade no hemisfério Sul, onde chuvas são escassas, região hoje ocupada pelos grandes desertos do Kalahari, do Atacama e da Austrália. Segundo, situavam-se bem no interior do Pangea, onde dificilmente a umidade do distante oceano Pantalassa, a oeste, chegava para produzir chuvas. Com isso, a sequidão só crescia desde o nascimento do supercontinente 70 Ma antes, e como a crosta estava sendo elevada, os mares continentais que por milhões de anos inundaram esta região desapareceram, dando lugar a um superdeserto. Não havia gelo nos polos, não havia mamíferos, nem plantas com flores, não havia cordilheira dos Andes, nem Serra do Mar nem da Mantiqueira, não havia praias onde hoje fica o Brasil. Nossas terras eram quase uma total desolação.

No entanto, apesar das barreiras, em poucos milhões de anos, parte da fauna e da flora tornou-se cosmopolita – e isso incluía os dinossauros.

Como todos os seres vivos, dinossauros também se dispersaram. Partindo do que hoje é a América do Sul, eles conquistaram o mundo inteiro, para sempre. Isso explica porque seus esqueletos já foram encontrados em todos os continentes, mesmo aqueles agora completamente isolados, como Austrália e Antártica, e também em grandes ilhas como Japão e Nova Zelândia, Groenlândia e Madagascar. Como não eram chegados à água, só puderam se espalhar devido à união total dos continentes. Pangea foi colossal.

Os dinossauros nos mostram que o mundo mudou, que praticamente nada era como agora e que o futuro também será diferente. Como será que será?

DINOSSAUROS E OUTROS MONSTROS

DEVANEIOS SOBRE O FUTURO

A pré-história nos ensina que o futuro virá, e que os continentes continuarão sua incansável ciranda. O imenso banco de dados sobre o passado da Terra, desenvolvido ao longo de dois séculos pelo trabalho dos geólogos e paleontólogos espalhados pelo mundo, com o auxílio de complicados modelos matemáticos, cuidadosas previsões, novas ideias e alguns palpites, possibilita que os cientistas formulem hipóteses sobre o movimento dos continentes nos próximos 250 Ma.

As previsões a partir da disposição atual ⓘ são mais ou menos as seguintes, e se você não concordar ou achá-las muito esquisitas, tente fazer melhor.

Por mais 50 Ma, a expansão da crosta oceânica que forma o piso do Atlântico continuará empurrando a América do Sul e a África para lados opostos. Hoje, a menor distância entre esses continentes fica entre as praias da cidade de Touro, no Rio Grande do Norte, e de Cap Skirring, no Senegal, separadas por exatos 2.838 km. Nesses 50 Ma, a distância praticamente dobrará até cerca de 6.000 km. Cruzar o Atlântico será um pouco mais demorado.

Nesse mesmo movimento, a África também seguirá para o norte, esmagando contra a Europa os mares Mediterrâneo, Adriático e outros menores. Do lado africano, Egito, Líbia, Tunísia, Argélia e Marrocos, e, do lado europeu, Grécia, Albânia, Montenegro, Bósnia e Herzegovina, Croácia, Eslovênia, Itália, Mônaco, Andorra e as regiões costeiras da França e Espanha serão levantados até o alto da nova cordilheira Mediterrânea que se erguerá. O mar Vermelho e o golfo Pérsico, que banham a península Arábica a oeste e leste, também desaparecerão. A Antártica terá deixado parcialmente o polo Sul na direção oeste, perdendo parte da sua cobertura de gelo, que, ao derreter, provocará a inundação das regiões litorâneas de todo o mundo.

Mais 50 Ma, e o empurrão da África contra a Europa virará no sentido do relógio o novo megacontinente afro-euroasiático, trazendo a extremidade sul da África em direção à América do Sul, possivelmente até uma distância próxima da que hoje nos separa da costa do Senegal. A Austrália, que gra-

> GEOGRAFIA
> DO FUTURO
> 👁
> página 191

dualmente se deslocava para oeste, finalmente colidirá com a Antártica, levantando novas montanhas (ainda sem nome, quem arrisca?). O gelo irá retornar à Antártica e o nível do mar voltará a descer.

Mais 150 Ma e apenas dois continentes existirão: um gigante, que reunirá as Américas, Europa, Ásia e África em um megacontinente equatorial, confinando em seu interior o atual oceano Índico; e um continente menor, que reunirá Antártica e Austrália e será banhado pelas águas frias do sul. Será um mundo sem calotas polares, de clima quente e seco. Quem viver, verá. Os humanos estarão extintos mais de 200 Ma antes, e apenas seus fósseis restarão aqui e ali.

São previsões, mas se os cientistas são capazes de lançar por 352 milhões de quilômetros um laboratório motorizado pelo espaço, pousá-lo suavemente em Marte, pilotá-lo para lá e para cá, coletar amostras de rocha, realizar análises complexas e enviar os resultados para a Terra, podemos dar a eles ao menos um pequeno voto de confiança. Estudar o passado nos permite refletir e imaginar o futuro. Pangea começou a se desfazer 175 Ma atrás, e assim como outros "Pangeas" existiram antes desse, é certo que um novo megacontinente virá. Lá estarão as atuais terras brasileiras e, quem sabe, algum ser encontrará nossos fósseis e tentará entender como vivíamos e por que nossa espécie foi extinta.

DINOSSAUROS, VULCANISMO E ASTEROIDES

Se uma grande extinção impulsionou o início da evolução dos dinossauros, outra, bem mais tarde, entre os períodos Cretáceo e Paleógeno, quase os exterminou. Quase. Foi a quinta e última das extinções em massa – outras pegaram a vida de lá para cá, mas tiveram menor intensidade. Assim, a Terra já está há 66 Ma sem uma extinção global, e o registro geológico nos mostra que elas sempre vêm. Quem viver, verá.

Nessa outra extremidade do tão falado reinado dos dinossauros, 66 Ma atrás, alguns viviam onde hoje é o Brasil e eram muito diferentes dos primeiros – que, na época, já estavam extintos e fossilizados. Tanto tempo havia se passado desde os primeiros dinossauros que estes distam, na linha do tempo geológico, quase três vezes a distância que nos separa dessa última extinção. Os dinossauros que então viviam nas futuras terras brasileiras sentiram os efeitos imediatos da catástrofe que mais uma vez deletou a vida da maioria dos animais.

A fórmula da matança se repetiu: a combinação de grande vulcanismo em terras hoje ocupadas pela Índia com a queda de um asteroide na região do atual Golfo do México, só que bem maior, com 10 km de diâmetro.

Perto do final do período Jurássico, cerca de 150 Ma atrás, o imenso Pangea já se despedaçava ❶. A Índia, muito distante da posição atual, no hemisfério Norte, permanecia em altas latitudes ao sul, colada à Antártica. Então, em meados do período Cretáceo, 30 Ma mais tarde, descolou-se da sua terra irmã e, como uma nova grande ilha, iniciou sua longa e veloz viagem em direção à Ásia, onde está hoje. Deixou Madagascar pelo caminho, cruzando o oceano Índico em uma jornada que levou cerca de 65 Ma, entre 120 e 55 Ma atrás. Nesse caminho, há mais ou menos 66 Ma, a grande ilha continental passava sobre uma pluma de calor escondida no manto

> PALEOGEOGRAFIA
> 👁
> página 197

terrestre sob o Índico, onde hoje ficam as ilhas Seicheles – a mesma pluma que continua por lá estacionada, ainda em atividade, expulsando as lavas que formam as ilhas Reunião, ao lado de Madagascar.

A energia proveniente das profundezas foi suficiente para fundir a crosta da grande ilha indiana, deixando extravasar para a superfície grandes quantidades de magma. Dissolvidas naquelas rochas liquefeitas estavam milhões de toneladas de CO_2 e outros gases, como o dióxido de enxofre (SO_2) e o cloreto de hidrogênio (HCl). Como vimos, os ecossistemas não suportam uma atmosfera com excesso de CO_2, pois a temperatura sobe demais. Os outros gases deram origem à chuva ácida, derramando substâncias tóxicas no solo e nos oceanos, envenenando tudo.

As consequências desse vulcanismo foram intensificadas pela queda do imenso asteroide de um trilhão de toneladas, desta vez onde hoje fica o povoado de Chicxulub, no México. O mensageiro sideral aterrissou. O impacto colossal causou um grande estrago, derretendo a crosta oceânica e vaporizando as rochas carbonáticas da região. A força do impacto lançou milhares de toneladas de rochas ao espaço – algumas provenientes de Marte são encontradas por aqui pelas mesmas razões. O material ejetado voltou à Terra em uma tórrida chuva incandescente, acendendo uma imensa fogueira global. A vaporização das rochas carbonáticas, associada ao aumento da acidez dos oceanos (que causa a dissolução destas), ampliou ainda mais a emissão de CO_2 para a atmosfera – e, consequentemente, o efeito estufa.

A grande massa de cinzas geradas pelo vulcanismo, pelo impacto e pelos milhões de incêndios mergulharam a Terra num longo e assombroso apagão. A temperatura, que havia subido com o forte efeito estufa, rapidamente tornou a cair. Essas oscilações de temperatura desfizeram as cadeias alimentares nos oceanos e sobre os continentes e, em algumas décadas, de cada cem espécies, 75 não mais existiam.

EVIDÊNCIAS

Evidências da extinção são encontradas hoje em diversas regiões do mundo, inclusive no Brasil.

As rochas vulcânicas dos derrames encontradas na Índia e nas ilhas Seicheles têm a mesma idade do tempo da extinção, indicando que o vulcanismo estava acontecendo naquela mesma época. Além disso, uma nuvem de poeira rica em irídio, resultante da destruição do asteroide, depositou-se em uma fina camada em todos os continentes, mares e oceanos do mundo. O irídio (Ir) é um elemento químico metálico raro nas rochas da superfície terrestre, mas comum em meteoritos, o que abriu aos cientistas uma janela por onde observaram os acontecimentos da época. Essa foi a evidência que levou Luiz Alvarez, físico ganhador do prêmio Nobel, a publicar em 1980 a famosa hipótese de que os dinossauros haviam sido extintos no final do período Cretáceo devido à queda de um grande asteroide. Camadas com essa marca global, ricas também em flúor, esférulas de rocha derretida, grãos de quartzo alterados, cinzas de grandes incêndios e marcas de um gigantesco tsunami, foram reconhecidas pela primeira vez no Brasil em 1993, em rochas com 66 Ma depositadas em antigas praias dos estados do Pernambuco e Paraíba, chamadas pelos geólogos de formação Maria Farinha. São as provas de que também em nossas terras os efeitos desse holocausto foram sentidos pelos dinossauros e por toda a vida que aqui habitava.

ASTEROIDES E DINOSSAUROS AINDA ESTÃO POR AÍ

Uma longa lista produzida pela Nasa mostra que cerca de 10 mil asteroides e cometas ainda cruzam as redondezas da órbita terrestre. Na maioria dos casos, "redondezas" quer dizer alguns milhões de quilômetros, mais precisamente acima de 7,5 milhões, distância que dá a esses corpos celestes chances muito pequenas de colidirem com a Terra.

Mas outros, alguns maiores que 150 m, nos visitam a distâncias inferiores aos 7,5 milhões de km, e por isso são considerados potencialmente perigosos. Em 2013, astrônomos ucranianos descobriram o 2013 TV135, um asteroide com 400 m de comprimento, cujo impacto com a Terra liberaria energia equivalente a milhares de bombas nucleares. Imagine o estrago. Por sorte ele passou longe, a quase 7 milhões de km – cerca de vinte vezes a distância daqui até a Lua, que é de 360 mil km. Já o asteroide

CENÁRIO 3
página 163

Detritos de um asteroide – Cerca de 66,236 Ma atrás, um asteroide com 10 km de diâmetro chocou-se com a Terra na região da atual península de Iucatã, no México. Atualmente, a metade da cratera sobre o continente já está quase apagada, e a outra metade, sob as águas, está preenchida por sedimentos marinhos do Golfo do México, totalizando um círculo com 170 km de diâmetro. Seguindo o impacto, as consequências da energia dissipada se espalharam por toda a Terra. Terremotos, tsunamis, detritos e gases liberados das rochas pela fusão da crosta, devido ao calor gerado na explosão, devastaram os ecossistemas terrestres e marinhos, causando a grande extinção que os primeiros geólogos utilizaram para determinar o fim da era Mesozoica. Nesta cena, um adulto *Maxakalisaurus* M com 13 m de comprimento assiste, com perplexidade de dinossauro, ao retorno à Terra dos primeiros fragmentos de rocha e asteroide ejetados para o espaço no impacto ocorrido horas antes. Foi o fim da longa era de sucesso de duas grandes linhagens de dinossauros: os saurópodes, como *Maxakalisaurus*, e os ornitísquios, conhecidos no Brasil apenas por meio de pegadas. No céu, outra grande linhagem de dinossauros, os emplumados terópodes, chamados Neornites – aves modernas que já existiam há 35 Ma –, parece fugir da chuva de meteoritos que atinge a superfície em direção à sobrevivência e ao domínio dos ecossistemas na era seguinte. As rochas onde foram encontrados os ossos fossilizados de *Maxakalisaurus* não têm exatamente a idade do tempo da extinção, mas é muito provável que sua linhagem, bem como as de muitos outros dinossauros brasileiros, tenha persistido até esse terrível momento. O esqueleto de *Maxakalisaurus* foi encontrado nas rochas da formação Adamantina, formadas no período Cretáceo, 80 Ma atrás, hoje expostas na serra da Boa Vista, próxima à cidade de Prata, no estado de Minas Gerais.

página 208

2012 DA14, apelidado de Duende, com apenas 45 m de comprimento, passou também em 2013, mas a uma distância bem menor: apenas 27.680 km, catorze vezes mais próximo que a distância daqui à Lua. Passou perto. Embora pequeno, seriam 130 toneladas de rocha batendo na Terra a uma velocidade de 8 km/s (quilômetros por segundo!), liberando energia equivalente a mil bombas nucleares. Pense na destruição. No final de 2013 e início de 2014, dois asteroides – um deles com quase 3 km de diâmetro – passaram a uma distância de 19 milhões de km da Terra. Bem maiores e mais distantes, qualquer um deles instalaria na Terra uma crise biológica muito próxima de uma sexta extinção em massa.

O meteorito de Chelyabinsk, que explodiu sobre a Rússia em fevereiro de 2013, não era tão inofensivo como parecia. Viajando a 69 mil km/h, os 20 m de rocha explodiram na atmosfera a quase 30 km de altitude, onde praticamente toda a energia se dissipou – algo equivalente a cerca de 20 a 30 bombas atômicas semelhantes à que explodiu em Hiroshima no dia

6 de agosto de 1945. A sorte dos russos é que o grande fragmento adentrou a atmosfera com um ângulo muito baixo, quase de raspão, e acabou explodindo e se desfazendo quase completamente a uma grande altitude. Tivesse ocorrido um impacto direto, a cidade de Chelyabinsk ainda hoje estaria juntando seus cacos.

A Nasa estima que existe cerca de um milhão de asteroides com menos de 100 m de diâmetro orbitando o Sol a uma distância entre 0,98 e 1,3 au (unidades astronômicas – 1 au equivale a 150 milhões de km, a distância média entre a Terra e o Sol). É nessa região do espaço que a Terra também se encontra.

Eles estão mesmo por aí, e com asteroides não se pode brincar.

O VOO DA VIDA

Ao contrário do que muitos pensam, o reinado dos dinossauros não terminou após a queda do grande asteroide. Nem todos os dinossauros morreram, nem aqui, nem na China. Eles sobreviveram no mundo inteiro, até na Antártica, representados por uma linhagem que permaneceu viva e diversificada. Ainda hoje, sem dúvida, são os vertebrados terrestres de maior sucesso no mundo.

Dinossauros que sabiam voar sobreviveram, e estão soltos por aí. São as aves, dinossauros "modernos", que desde o período Jurássico não pararam de se diversificar, inventando incontáveis modos de vida, de se comunicar, de construir ninhos, de seduzir flores e mamíferos (especialmente nós humanos). Com raríssimas exceções, não há neste mundo quem passe um dia sem ver ou ouvir um desses dinossauros.

DINOSSAUROS NOS ARES

Cerca de 165 Ma atrás, surgiu dentre os dinossauros terópodes uma nova linhagem, a dos celurossauros. Eles formavam um ramo de transição entre os dinossauros carnívoros clássicos, enormes predadores de corpo revestido com escamas e fibras, e um novo grupo de pequenos e grandes predadores com o corpo parcialmente revestido com fibras, plumas e penas.

O mundo não parava e a evolução, a fim de levar a vida em frente, incansavelmente produzia inovações, criando novas estruturas e modos de vida que se adaptassem à nova disposição dos continentes, às mudanças no clima, aos novos bichos e plantas. O resultado foi o aumento da diversidade. Alguns celurossauros mudaram a dieta carnívora clássica dos terópodes para se tornarem onívoros, piscívoros, herbívoros, insetívoros. Sempre foi esta a regra da vida: mudar para sobreviver.

Há 100 Ma, em meados do Cretáceo, esses dinossauros já eram muito diferenciados: tinham sangue quente, sacos aéreos que tornaram a respiração mais eficiente e, claro, a poderosa e espetacular inovação que só eles foram capazes de produzir: plumas que retinham o calor do corpo e penas que os capacitaram a voar. Quando alguns celurossauros alcançaram os ares, as primeiras aves nasceram dentre os dinossauros. Foi o grande salto da sobrevivência, o início de um futuro glorioso.

As mais remotas evidências da presença de aves em terras brasileiras foram encontradas em rochas acumuladas em um imenso lago-mar que existiu no nosso atual Nordeste, em rochas do período Cretáceo com 110 Ma de idade, das quais voltaremos a falar mais à frente. Dinossauros avianos, no entanto, já voavam 40 Ma antes – como denunciado pelos fósseis encontrados na Alemanha em meados do século XIX, tempo de Charles Darwin, em rochas do final do período Jurássico. O animal em questão, *Archaeopteryx lithographica*, ainda detém o título de mais antiga ave conhecida, com 150 milhões de anos de idade.

POR QUE VOAR?

O voo é um poderoso aliado do sucesso. Não é por menos que, dentre as 5.416 espécies de mamíferos conhecidas hoje, 926 compõem a ordem dos morcegos, os únicos voadores – que, com os roedores, compõem quase a metade das espécies. Estes pequenos dentuços são ainda mais diversificados, com 1.700 espécies, mas sua receita da diversidade, ainda que igualmente poderosa, não foi o voo, mas a rapidez no tempo da gestação, o fato de se alimentarem de quase tudo e possuírem um baixo número de predadores. Ambos representam apenas duas das 29 ordens de mamíferos. Também não é por menos que os insetos, únicos artrópodes que aprenderam a voar, somam hoje mais de um milhão de espécies, número muito superior aos outros dois grupos mais diversificados – os quelicerados (aranhas, escorpiões, carrapatos e ácaros, com 70 mil espécies) e os crustáceos (65 mil). É curioso também que os chamados "homens de sucesso" de hoje se deslocam por aí em helicópteros e jatinhos particulares.

Voar é caro, mas muito vantajoso, e assim como os "homens de sucesso", em algumas linhagens a evolução encontrou caminhos que ajudaram os animais a pagar o alto preço, reduzindo seu tamanho, tornando-os mais leves e adaptando antigos apêndices para que pudessem voar.

Voar possibilita aos animais alcançar rapidamente lugares onde outros não chegam, a fim de se esconder, procurar alimento, se safar de problemas com predadores, descansar, exigir respeito. O voo permite também que um animal se desloque por grandes distâncias para fugir de tempestades e mudanças bruscas do clima, bem como migrar para procurar lugares seguros onde construir seus ninhos e cuidar dos seus filhotes. Dentre todos os vertebrados terrestres atuais, voar possibilitou que aves fossem as únicas com representantes exclusivamente carniceiros.

Os dinossauros embarcaram nesse voo 150 Ma atrás no corpo dos celurossauros, e essa foi uma das razões de sua sobrevivência durante a grande extinção do final do Cretáceo. Dentre os três grandes grupos de vertebrados terrestres, somente os anfíbios não conseguiram voar. Como veremos adiante, diferente do que pensamos, foram os répteis – e não os mamíferos – os que mais exploraram os ares.

Como as aves são verdadeiramente dinossauros, temos outro motivo de orgulho nacional. O Brasil é o terceiro país em diversidade de espécies, atrás apenas da Colômbia e do Peru. Quase 1.800 espécies de aves vivem hoje por aqui, duas vezes mais que o número de espécies de dinossauros fósseis conhecidas em todo o mundo Mesozoico. E a América do Sul, onde os dinossauros surgiram 231 Ma atrás, ainda é o continente que mais gostam de habitar. Das quase 10 mil espécies de aves conhecidas atualmente, cerca de 3.300 vivem em terras sul-americanas, o que significa que 33% vivem em apenas 12% das terras emersas do mundo. Claro, isso se deve também aos muitos biomas que temos, mas especialmente a outro orgulho nacional, desta vez vegetal: a gigantesca floresta.

Dinossauros estão por todos os cantos do mundo. Todos os dias os encontramos voando por aí, os comemos um deles no almoço ou no jantar. Temos seus ovos em nossas geladeiras.

A vida sobreviveu mais uma vez. Se reorganizou, se renovou e prosperou de forma maravilhosa e colorida em terras hoje brasileiras.

DINOSSAUROS DE PENÚCIA

Enquanto eu finalizava este livro, paleontólogos russos anunciaram a descoberta do dinossauro *Kulindadromeus zabaikalicus* na Sibéria, em rochas do período Jurássico com cerca de 160 Ma. Esse pequeno dinossauro herbívoro, bípede, tinha a cabeça, o pescoço e o tronco completamente revestidos com escamas e três tipos de estruturas fibrosas semelhantes a protopenas. Mas ele não chamaria tanto a atenção se não fosse pelo fato de pertencer ao ramo dos ornitísquios ❶, linhagem que até pouco tempo atrás jamais era imaginada emplumada.

Embora estruturas descritas em fósseis de *Psittacosaurus*, da Mongólia, e *Tianyulong*, da China, já deixassem os paleontólogos desconfiados de que protopenas estivessem presentes nos dinossauros ornitísquios, restavam incertezas sobre se estas eram ou não estruturas homólogas – isto é, se tinham a mesma origem das penas presentes em um dos ramos do lado oposto da árvore filogenética dos dinossauros, o dos terópodes. Pela lógica evolutiva, se existe homologia entre as protopenas presentes nos dois lados da grande árvore, dinossauros saurísquios e ornitísquios devem tê-las herdado de dinossauros mais antigos (presentes no ramo ancestral comum a ambos), de ancestrais arcossauros dinossauromorfos (os silessaurídeos) ou mesmo de outros arcossauros mais antigos. Se foi assim, embora a evolução também subtraia características da morfologia, podemos deduzir que todos os dinossauros deveriam apresentar integumento constituído ao menos em parte por protopenas. À luz das novas evidências e de um mercado sedento por novidades, logo as crianças vão adorar os novos dinossauros de penúcia que aparecerão nas lojas de brinquedos.

> **ÁRVORE DOS ARCOSSAUROS** 👁 página 195

OUTROS BICHOS E OUTRAS PLANTAS

São encontrados em rochas brasileiras fósseis de dinossauros que viveram no início e no final da Mesozoica, entre 230 Ma, possivelmente, 66 Ma atrás, o que quer dizer que eles sempre estiveram por aqui. Sem dúvida, os dinossauros foram os bichos terrestres mais respeitáveis de seu tempo, mas nessa era floresceram em terra firme outros bichos igualmente veneráveis, como as tartarugas, os crurotársios (rauissuquídeos, aetossauros, fitossauros e crocodilos), pterossauros, terapsídeos e mamíferos, além de vegetais como as sagradas e bem faladas plantas com flores e frutos, que mudaram o mundo. Desde que os primeiros vertebrados invadiram os continentes, há 370 Ma, passaram-se 240 Ma sem uma única flor. Elas apareceram em meados do período Cretáceo, cerca de 130 Ma atrás.

Os mares e oceanos também fervilhavam com a vida, mas raríssimos dinossauros mesozoicos gostavam de nadar. No entanto, a coisa também mudou nas águas – e muito. Na era Mesozoica, répteis aquáticos como ictiossauros, plesiossauros e mosassauros pela primeira vez rasgaram os mares. Para isso, algumas linhagens de répteis tiveram seus corpos grandemente transformados. Peixes ósseos e tubarões já enchiam as águas nos oceanos, e por isso não era só "chegar chegando". Mudar radicalmente o corpo para trocar de ambiente e enfrentar outras feras exigiu alguns milhões de anos de evolução.

UM BREVE HISTÓRICO PRÉ-MESOZOICO

Os peixes haviam deixado os rios e lagos na era anterior, precisamente no final do período Devoniano, cerca de 370 Ma atrás, dando origem aos primeiros vertebrados anfíbios terrestres. Nessa mudança radical de vida, eles enfrentaram vários desafios fisiológicos e estruturais. Respirar, obter alimento, reproduzir-se, caminhar, ouvir e comunicar-se seria muito diferente em terra firme. Ainda nas águas, desenvolveram pulmões, quatro membros, dígitos, cinturas pélvica e escapular, costelas e vértebras especiais que não permitiam que sua coluna se curvasse com o peso do corpo – eram quase animais terrestres vivendo integralmente na água. Em sua longa transição para a vida anfíbia eles adquiriram pele impermeável, ouvidos e garras, entre muitas outras adaptações. Por volta de 380 Ma atrás já passavam parte do tempo nas praias de lagoas e rios, mas a libertação total só veio com a ajuda do ovo com casca e seus vários anexos, e desses anfíbios brotaram os primeiros amniotas. No início do período seguinte, o Carbonífero, por volta de 300 Ma atrás, eles já desbravavam as terras do Pangea, pondo ovos aqui e ali. Água, agora, só para beber e se refrescar.

Mas a evolução não parava de fluir, e os sinais deixados nas rochas mostram que sua força e seus processos sempre foram praticamente incontroláveis. A vida permite quase tudo a fim de preservar sua maior virtude: a capacidade de evoluir.

A VOLTA ÀS ÁGUAS

No período seguinte ao Carbonífero, o Permiano, uma das três grandes depressões da crosta brasileira, a imensa bacia do Paraná, guardava os sedimentos que chegavam pelos rios ou se precipitavam quimicamente nos mares e pântanos do final da era Paleozoica. Em um dos pacotes de rocha lá empilhados estão os fósseis de um animal tão fascinante quanto misterioso.

BACIAS SEDIMENTARES
páginas 189/198

Chamadas de formação Irati no Brasil e de White Hill na África – lembre-se que, do final do período Carbonífero até meados do Jurássico, América do Sul e África ainda estavam unidas como parte do Pangea –, essas rochas guardam restos de milhões de esqueletos de pequenos répteis aquáticos chamados mesossaurídeos. Era um tempo cerca de 270 Ma atrás, 30 Ma após seus ancestrais amniotas terem posto um ovo com casca em terra seca e deixado definitivamente a vida nas águas. Com ancestrais completamente desconhecidos, os mesossaurídeos também não deixaram descendentes. Seus esqueletos parecem ter surgido do nada para desapa-

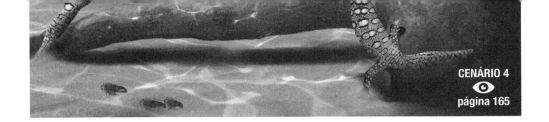

CENÁRIO 4
página 165

Edifícios microbianos – Este cenário é seguramente um dos mais belos de toda a pré-história brasileira conhecida. As águas límpidas e transparentes permitiam a atividade fotossintética de comunidades microbianas compostas especialmente por cianobactérias. O resultado de suas atividades e do exército de micro--organismos com os quais conviviam foi a construção de enormes edifícios calcários chamados estromatólitos. Normalmente com menos de 50 cm de altura, essas espantosas construções chegaram a incríveis três metros de altura nesta região, ainda que boa parte permanecesse escondida dentro do substrato enquanto "vivos". Este santuário microbiano sustentava milhões de pequenos crustáceos *Liocaris* (azuis) e *Paulocais* (vermelhos), que, por sua vez, serviam de alimento para o réptil mesossaurídeo *Stereosternum tumidum* e para seminotídeos, uma ordem antiga e já extinta de peixes de nadadeiras raiadas muito comuns nos mares do final da era Paleozoica. A presença de troncos fossilizados nas rochas que se formaram no local demonstra que o ambiente estava próximo da região litorânea do grande mar continental que na época inundava parte da metade inferior do território brasileiro. Lá, formaram-se as rochas das áreas mais rasas do grande pantanal, a formação Irati, no período Permiano, 270 Ma atrás, hoje expostas no estado de São Paulo, na cidade de Santa Rosa de Viterbo, em uma área protegida e aberta à visitação.

página 209

recer em coisa nenhuma. No entanto, é surpreendente que tenham deixado a terra firme para viver como animais aquáticos no imenso pantanal. A evolução havia empurrado os vertebrados de volta às águas.

Os sedimentos onde são encontrados os fósseis dos mesossaurídeos, bem como sua anatomia, não deixam dúvidas de que viviam boa parte do tempo – se não todo o tempo – nas águas. Seus esqueletos ficaram preservados aos milhões em folhelhos negros formados em águas profundas e em carbonatos de águas mais rasas, muitas vezes completamente articulados, fatos que indicam aos paleontólogos que seus restos não foram transportados até ali após a morte em terra firme. Eles morriam nas águas, provavelmente durante tempestades que remobilizavam o fundo anóxico do grande pantanal onde viviam. Com o envenenamento do seu habitat, a delicada cadeia alimentar que integravam se desfazia, e com ela desapareciam os invertebrados dos quais se alimentavam.

Exemplares de mesossaurídeos depositados nas coleções do Instituto de Geociências da Universidade de São Paulo têm preservados, junto de seus esqueletos, tecidos carbonizados que supostamente indicam a presença de membranas entre os dedos e ao longo da cauda, ambas comumente presentes em animais semiaquáticos. Além disso, o corpo alongado e fusiforme e a longa série de costelas com as extremidades distais espessadas, usadas como lastro para facilitar o mergulho, provavelmente o permitiam nadar e mergulhar com maior rapidez.

Seus esqueletos são hoje encontrados em rochas localizadas a grandes distâncias das margens da bacia, indicando que provavelmente passavam semanas, se não a vida toda, na água. Suas milhões de carcaças apodrecidas nas águas do grande pantanal contribuíram com uma pequena parte da matéria orgânica que deu origem ao óleo acumulado nas rochas da formação Irati. Eram essas as rochas que continham as imensas quantidades de metano liberadas pelo impacto de Araguainha no tempo da terceira grande extinção em massa, da qual já falamos.

A evolução transformava a vida de acordo com o que era melhor para o momento, não importava para qual direção. Alguns pensam que foi um erro os vertebrados terem passado a viver em terra firme, porque a água é um ambiente mais amplo, rico e estável, tanto do ponto de vista térmico quanto químico. Mas a evolução não pensa, apenas muda e avança com o que dá certo no momento.

Assim, os mesossaurídeos não tiveram escolha. Até onde sabemos, com os fósseis que temos, eles foram os primeiros tetrápodes amniotas a deixar registro geológico no hemisfério Sul e os mais antigos tetrápodes a retomar o modo de vida aquático. Por não conhecermos as formas transicionais ancestrais que deram origem a ele, e também pelo fato de sua linhagem ter acabado com as mudanças ambientais decorrentes das alterações climáticas e geológicas nestas terras ainda parte do Pangea, tais fósseis são um dos maiores mistérios da paleontologia brasileira.

Os mesossaurídeos representam apenas uma das linhagens que a evolução produziu no retorno dos amniotas para as águas. Embora tenham encontrado um fim ainda no período Permiano, na parte sul do Pangea, outros prosseguiram ao norte, enchendo a era seguinte com maravilhosos monstros aquáticos.

OUTROS BICHOS E OUTRAS PLANTAS

RÉPTEIS NAS ÁGUAS – DE VOLTA À ERA MESOZOICA

Nem todos os répteis gigantes eram arcossauros ou mesmo dinossauros. Se por um lado eles dominaram a vida em terra durante a era Mesozoica, nas águas não era assim. Três linhagens reptilianas infestaram os oceanos, mares continentais e rios; seres que lutaram pela vida ao lado de grandes peixes ósseos e tubarões. Embora sempre apareçam juntos em imagens e reconstruções pré-históricas, eram animais de parentesco longínquo 🛈, tanto entre si quanto em relação aos dinossauros. Foram viver na água a partir de ancestrais distintos, em momentos muito distantes, com desenhos diferentes.

ÁRVORE DOS AMNIOTAS
👁
página 192

Os novos mares mesozoicos sofriam uma revolução e a vida prosperou magnificamente, oferecendo novas oportunidades a todos – e os répteis também aproveitaram. Ictiossauros, plesiossauros, pliossauros e mosassauros formavam uma poderosa legião de predadores aquáticos no tempo dos dinossauros.

O Pangea ainda existia no início da era Mesozoica, e por isso as terras brasileiras estavam muito distantes do litoral a oeste, fervendo sob um deserto abrasador. Além disso, a crosta sul-americana se elevava e as águas marinhas não mais avançavam sobre o continente formando mares continentais, como no tempo dos mesossaurídeos. O resultado é que sedimentos marinhos mesozoicos não se acumularam no interior do continente, e por isso não temos esqueletos desses incríveis animais preservados em nossas rochas. Mas existem raríssimas exceções, como quando o Pangea se partiu durante o período Cretáceo, bem mais tarde, e águas oceânicas puderam beliscar nossas terras aqui e ali nas novas regiões costeiras a leste.

ICTIOSSAUROS

Restos de ictiossauros nunca foram encontrados no Brasil, nem mesmo nas regiões litorâneas com rochas marinhas cretáceas, coisa para lá de intrigante, quase inacreditável. Quando os ictiossauros foram extintos, nosso litoral já tinha 30 Ma de idade e é improvável que eles não visitassem estas terras. Viveram por quase toda a era Mesozoica e são famosos porque tiveram seu *design* copiado pelos golfinhos, em um dos mais clássicos exemplos de convergência evolutiva.

Quando os primeiros ictiossauros evoluíram, pouco antes dos primeiros dinossauros, cerca de 240 Ma atrás, a linhagem à qual pertenciam (Sauropsida, Saropterígia) estava havia 70 Ma desligada da linhagem de onde bem mais tarde surgiriam os golfinhos (Sinapsida, Mammalia). Estes são bem mais recentes, de apenas 20 Ma atrás, 290 Ma depois do início da linhagem de onde brotariam os ictiossauros, somando 360 Ma de evolução independente entre as duas extremidades. No entanto, embora todo o maquinário reptiliano e mamífero interno fosse completamente distinto, esses dois animais foram incrivelmente semelhantes na aparência externa. A vida sempre se repete em seus desenhos porque evolui sobre uma base genômica ancestral comum, repetindo soluções similares em tempos e linhagens distintos. A vida modelou a morfologia com o que tinha disponível, nesse caso, transformando a cauda em nadadeira, os membros em remos e tornando o corpo mais hidrodinâmico, o que resultou na convergência para desenhos similares em animais de parentesco distante. O desafio era o mesmo, viver e se deslocar na água, e por isso as soluções foram muito semelhantes, deixando os bichos parecidos. De fato, ambos repetiram a aparência dos peixes.

Entretanto, apesar da grande semelhança externa, se os víssemos lado a lado, notaríamos a diferença no movimento do corpo durante a natação: os golfinhos têm movimentos de propulsão verticais galopantes, herdados dos seus ancestrais mamíferos (por isso também os movimentos verticais da cauda das sereias). Os ictiossauros tinham movimentos laterais, legado dos répteis, que herdaram o rebolado dos anfíbios terrestres, e estes, dos peixes.

As mudanças estruturais para levar os mamíferos às águas foram radicais, mas o movimento de galope vertical para a propulsão foi conservado pelos golfinhos. Nos dois casos, também a respiração se manteve. Retirar o ar da água seria mais um retrocesso evolutivo que uma inovação. A quantidade de O_2 dissolvido na água varia muito de acordo com a temperatura, quantidade de matéria orgânica etc., mas normalmente é cerca de trinta vezes menor que no ar (hoje em torno de 21%). Não era

ÁRVORE DOS AMNIOTAS
página 192

bom negócio trocar pulmões por brânquias. O jeito era subir e respirar entre um mergulho e outro.

Shastasaurus é o maior ictiossauro conhecido e atingiu dinossáuricos 21 m de comprimento há 215 Ma, em meados do período Triássico. Nem baleias ancestrais como *Basilosaurus*, um cetáceo gigante que viveu há 40 Ma, chegaram a essa medida. Desse modo, *Shastasaurus* deve ter sido o maior predador não planctívoro (como as baleias azuis, que chegam a 30 m) que já existiu, superando todos os tubarões, dinossauros predadores e crocodilos terrestres.

O sumiço de toda a linhagem dos ictiossauros, cerca de 90 Ma atrás, coincide com o aparecimento de outro monstro marinho, os primeiros mosassauros, e por isso há quem acredite que estes tiveram uma parcela de responsabilidade ao assumirem seu espaço nas águas. No entanto, nesse mesmo intervalo, entre duas subdivisões do período Cretáceo (Cenomaniano e Turoniano), a vida e a geologia se estranharam mais uma vez e uma crise biológica se estabeleceu. Um período de intensa atividade vulcânica sob os oceanos Índico e Pacífico recheou as águas de CO_2, gás que alimentava a vida vegetal e que, consequentemente, aumentou a produtividade nos oceanos. A explosão da matéria orgânica fez as bactérias se multiplicarem descontroladamente, apodrecendo as águas, tornando-as anóxicas – é assim que matamos a vida em nossos rios, descarregando neles nossos esgotos, enchendo-os com matéria orgânica. Sem oxigênio, a fauna foi sufocada, provocando mais uma vez o desmoronamento da cadeia alimentar. Com os ictiossauros, foi-se um terço das espécies de invertebrados marinhos e muitos peixes que compunham parte da sua dieta. Em terra firme, dinossauros semiaquáticos espinossaurídeos, comedores de peixes, igualmente desapareceram.

CISNES MARINHOS

Plesiossauros e pliossauros não foram menos longevos ou acanhados em força e tamanho. Viveram nos mares e oceanos e também em água doce, de 220 até 66 Ma atrás. Restos de *Mauisaurus* encontrados na Nova Zelândia em rochas com 80 Ma indicam que chegavam a incríveis 20 m de comprimento, boa parte ocupados por um pescoço ridiculamente longo e flexível. Mas, diferente da girafa, que utiliza o pescoço para as alturas, plesiossauros pescoçudos com dentes delicados provavelmente o utilizavam-no para fuçar o substrato marinho em busca de moluscos e outros invertebrados, como fazem hoje na água doce os igualmente pescoçudos cisnes.

Restos de plesiossauros já foram encontrados na América do Norte, Europa, Argentina, Antártica e África, mostrando que eles praticamente cercaram nossas terras durante a era Mesozoica. Assim como os mosassauros que discutiremos a seguir, plesiossauros ocuparam águas costeiras brasileiras durante o período Cretáceo, e seus restos – raríssimos dentes – são encontrados em rochas cretáceas da formação Alcântara, hoje aparentes na costa maranhense.

T. rex DOS MARES

Mosassauros fecham o trio de répteis marinhos. Há 90 Ma, quando América do Sul e África já estavam completamente separadas, águas marinhas ocuparam o litoral brasileiro por algumas dezenas de quilômetros em regiões rebaixadas ou avançando pelas aberturas residuais do tempo da separação com a África. Nessas regiões, existem hoje rochas formadas a partir dos sedimentos marinhos depositados naquele tempo. Era também o tempo do aparecimento dos Mosassauros, outra incrível linhagem derivada de lagartos terrestres que resolveu adentrar o mar – o mesmo caminho que alguns mamíferos fariam 40 Ma mais tarde, já na era Cenozoica.

Mosassauros apareceram apenas 25 Ma antes da grande extinção, mas tiveram tempo para se diversificar e agigantar. Esqueletos de *Hainosaurus* encontrados na Europa mostram que chegaram a 13 m de comprimento, o mesmo tamanho de um *Tyrannosaurus rex*.

No Brasil, do mosassaurídeo *Platecarpus*, descrito pela primeira vez nos Estados Unidos, são encontrados dentes e vértebras nos poucos sedimentos depositados naquela época sobre os litorais do Maranhão e do Sergipe, hoje, rochas das formações Alcântara (90 Ma), Cotinguiba e Calumbi (90 Ma).

GRAVIDEZ REPTILIANA

Não menos maravilhoso é o fato de que ictiossauros, plesiossauros e mosassauros davam à luz filhotes já prontos, característica imitada bem mais tarde pelos mamíferos placentários, em outro exemplo de convergência evolutiva. Embriões fossilizados foram encontrados na barriga das mães em esqueletos das três linhagens. Com isso, evitavam deixar nas praias ovos e filhotes vulneráveis aos predadores, como ainda é o caso das tartarugas marinhas. Assim, não podemos imaginar dinossauros brasileiros atacando ninhos com ovos ou filhotes desses animais. No entanto, embora não existam evidências, não é impossível que dinossauros pescadores que viveram por aqui, como *Oxalaia*, *Angaturama* e *Irritator*, tenham devorado carcaças desses grandes répteis marinhos, já que eram piscívoros e tinham a vida muito ligada à água. Seus esqueletos são hoje encontrados relativamente perto do que era o litoral durante o Cretáceo. Eles provavelmente os achavam já mortos nas praias, trazidos pelas correntes, ou então os pegavam ainda moribundos, encalhados em recifes e bancos de areia próximos da costa. Por que não?

Diferente do que muitos pensam e do que vemos em diversos livros sobre a pré-história, ainda que fossem imensos predadores, esses répteis marinhos não eram dinossauros. Dinossauros nunca foram viver integralmente nas águas. Ictiossauros, plesiossauros e mosassauros pareciam não deixar que a evolução os empurrasse para a vida nos mares e rios, pois ocuparam boa parte dos nichos marinhos em águas rasas e profundas durante a era Mesozoica, e a partir da metade dessa era, também de água doce. Na era seguinte, os mamíferos se aproveitaram do espaço deixado por eles, e por isso os atuais representantes reptilianos restringem-se a pequenos animais, como tartarugas, iguanas e serpentes – destes, somente as serpentes marinhas têm a virtude de dar à luz na água filhotes já prontos.

A era Mesozoica foi um tempo de renascença para a vida. Logo após a grande catástrofe em massa que fechou a era anterior, novos estilos de animais modernos foram semeados e cultivados pela evolução. Foi uma pena que já nessa mesma era a geologia tratou de ceifá-los.

Quantas coisas admiráveis e misteriosas os dinossauros devem ter testemunhado, mas que a Terra não teve chance de guardar?

FLORES E FRUTOS

Mas, afinal, por que as flores mudaram o mundo?

Também na era Mesozoica, 130 Ma atrás, uma nova revolução da vida aconteceu sob a sombra dos dinossauros, só que no reino vegetal: plantas angiospermas começaram a brotar na paisagem. Com duas delicadas, sofisticadas e poderosas inovações, as flores e frutos, as angiospermas tornaram-se invencíveis nos quesitos reprodução, sobrevivência, diversidade, dispersão e parceria com os animais. As 350 mil espécies hoje existentes praticamente baniram para os cantos frios, escuros e inóspitos do mundo as mil espécies de gimnospermas – pinheiros, cicas e outras – que restaram. Os gráficos de diversidade ao longo do tempo geológico mostram que desde o Cretáceo, quando as angiospermas engataram a quinta marcha, as outras plantas com sementes – mas sem flores e frutos – pisaram fundo no freio da diversidade. Coníferas (mil espécies), gingkos (uma espécie), cicas (cerca de duzentas espécies) e mesmo as pteridófitas (12 mil espécies) não somam 15 mil espécies, e não chega a ser irresponsável acreditar que no futuro geológico praticamente desaparecerão sob a opressão das flores e frutos. Quem viver, verá.

As flores e frutos não apenas deixaram as plantas e o mundo mais bonito e perfumado, mas tornaram mais eficientes a fertilização do óvulo, a proteção do ovo, o desenvolvimento do embrião, a propagação pelo mundo e a velocidade da evolução. Ademais, possivelmente devido às vantagens genéticas ligadas à duplicação do conjunto de cromossomos, a poliploidia, lidaram melhor com as dificuldades ambientais impostas durante os eventos de crise ambiental. Com as angiospermas, as plantas expandiram sua união com os animais – certamente o maior dentre todos os passos evolutivos –, alimentando-os, oferecendo abrigo e proteção em

OUTROS BICHOS E OUTRAS PLANTAS

troca principalmente da polinização e dispersão de sementes. Elas se multiplicaram, mas também contribuíram com a multiplicação das espécies animais. Devemos a elas a maior parte da imensa diversidade de insetos, mamíferos e dinossauros (as aves) que hoje encontramos nos continentes.

No entanto, ao contrário do que se pensava até pouco tempo atrás, os dinossauros mesozoicos não tiveram nada a ver com o aparecimento e sucesso das plantas com flores. Em todo o registro fossilífero, são raríssimas as evidências de que os dinossauros se alimentavam de folhas ou frutos de angiospermas. Além disso, o tempo decorrido entre o surgimento e a expansão de linhagens de dinossauros herbívoros e as mudanças em seus hábitos alimentares, passando da copa das árvores para mais perto do chão, não coincide com o surgimento e a explosão de diversidade das plantas com flores. Não existem ligações causais, não há evidências fósseis, sejam elas ligadas à anatomia dos dinossauros ou das plantas. Dinossauros devem ter sido apenas expectadores, percebendo novas cores e novos odores, mas não os sabores do mundo das angiospermas.

Outros bichos, não. Muitos participaram do carnaval de cores, odores e sabores e ainda mantêm em pé a parceria. Várias linhagens de animais e plantas evoluídas há dezenas de milhões de anos com essa incrível parceria ainda preservam representantes vivos. No que diz respeito às flores, o modelo mais antigo que temos ainda vivo é visto na *Amborella trichopoda*, um pequeno arbusto que produz flores e frutos de cor creme em algumas das 33 ilhas da Nova Caledônia, no Pacífico sul, próximo da costa leste australiana. Olhar para a *Amborella* é enxergar o passado, saber como se pareciam e sentir o perfume que tinham as primeiras flores.

AMBORELLA
página 195

Os insetos começaram uma relação mais íntima com as plantas quando passaram a se alimentar, além das folhas, do pólen das gimnospermas, dezenas de milhões de anos antes das primeiras flores aparecerem. No entanto, embora todas as linhagens de insetos polinizadores já existissem há milhões de anos, o aparecimento das flores e frutos deu início a uma grande diversificação, e as angiospermas não pouparam esforços para atraí-los. Em um dos estágios do período Cretáceo, o Aptiano, as flores, com suas novas fragrâncias e cores, néctar, pólen, frutos, abrigo e mimetismo,

CENÁRIO 5
página 167

página 236

O mar petrificado da caatinga – Um santuário da vida pré-histórica é encontrado hoje no Nordeste brasileiro. Além dos milhões de fósseis representando centenas de espécies animais e vegetais que lá floresceram, como que por um excesso de capricho, a natureza deixou por lá outros valiosos tesouros. Restos dos tecidos musculares e até artérias de dinossauros, além de peixes com todas as escamas no lugar, preservados com sua forma original, ficaram lá petrificados de modo extraordinário. Devido à rica diversidade de animais e plantas e aos detalhes de preservação dos incontáveis fósseis conhecidos, este outro Éden da vida pré-histórica brasileira é hoje considerado um dos dez sítios paleontológicos mais importantes do mundo. Nesta cena, dois filhotes do dinossauro *Mirischia assimetrica* acompanham a mãe, de 1,5 m de comprimento, a fim de aprender a procurar o próprio alimento. Duas tartarugas *Araripemys* parecem não se incomodar com a presença dos caçadores emplumados. Sobre o tronco, no centro inferior, *Brontogryllus excelsus* 🅼 pode estar próximo do seu fim. A libélula *Cordulagomphus* ostenta sua exuberante coloração azulada – capricho de um paleoartista – na aridez da pré-história. Pterossauros *Anhanguera piscator* com asas que se estendem por 4 m se preparam para o próximo rasante em busca de peixes na superfície do lago-mar Araripe. As aquáticas *Nymphaeites* abrem suas flores logo pela manhã, à espera de insetos que trarão o precioso pólen de flores distantes dali. À noite, após um dia como fêmeas, se fecharão, para no segundo e terceiro dias da florada, como machos, retribuírem a fertilização às outras flores, abrindo seus próprios sacos polínicos. O perfume das aquáticas *ninfeias* de hoje nos faz pensar que, já no Cretáceo, as flores de *Nymphaeites* atraíam insetos polinizadores com seu aroma adocicado. Fertilizados, seus ovos crescerão em frutos que, ainda submersos, darão origem a sementes flutuantes que se dispersarão na superfície das águas. Ao fundo, próximo às margens, dois grandes tufos de *Welwitischia*, a mais estranha gimnosperma que conheci viva em um jardim botânico na África do Sul, ostenta seus estróbilos femininos de cor laranja à espera de insetos que trarão o pólen que fertilizará seus óvulos. *Welwitischia* ocupava as terras áridas do Gondwana durante o período Cretáceo. Embora atualmente só a encontremos fossilizadas nas rochas do nosso paleoéden, sobreviveu na África por todo o Cretáceo e toda a era Cenozoica, e hoje pode ser vista ainda viva no deserto do Namibe, em Angola, Namíbia e África do Sul. Nesse ambiente se formaram os sedimentos que deram origem às rochas da formação Santana, bacia do Araripe, no período Cretáceo, 110 Ma atrás, hoje expostas por toda a periferia da chapada do Araripe, próxima às cidades de Santana do Cariri e Crato, no estados do Ceará, Piauí e Pernambuco.

impulsionaram a evolução dos besouros, moscas, vespas, abelhas, borboletas e mariposas com notáveis parcerias. Precisamente dessa idade são as rochas da bacia do Araripe, no Ceará – as mesmas camadas com 110 Ma onde foram encontradas as penas e plumas fósseis das quais já tratamos. Lá estão os únicos vestígios de flores fossilizadas em nossas terras, além de besouros, mosquitos, e muitos outros artrópodes, e os ossos de quatro espécies de dinossauros. Sim, eles estavam lá e viram tudo acontecer.

Tempestades cretáceas sopravam as multidões de insetos que povoavam a vegetação da região para as águas do grande lago-mar Araripe. Os insetos que caíam na água e escapavam dos peixes chegavam ao fundo anóxico, onde eram fossilizados. Dentre os dinossauros que lá viviam estava o pequeno e emplumado *Mirischia* , um celurossauro aparentado ao bem mais famoso *Compsognatus*, outro provável comedor de insetos, cujos esqueletos são encontrados em rochas do Jurássico na Alemanha, um deles com restos de um lagarto na barriga.

Naquele já florido paleossertão nordestino, *Mirischias* certamente aproveitavam o que as plantas com flores tinham a oferecer, ainda que indiretamente. Lá estavam os insetos com os quais complementavam sua dieta e a dos seus filhotes, durante os milhares de anos que habitaram aquela região.

O TEMPO GEOLÓGICO E A VIDA PRIMITIVA

ESCALA DO TEMPO GEOLÓGICO
👁
página 203

Até aqui falamos de muitas eras e períodos ⓘ, e já é hora de organizarmos um pouco as grandes subdivisões do tempo geológico.

Antes das primeiras sequências de rochas abundantemente fossilíferas, com 541 Ma de idade, existe armazenada uma longa pré-história. Relativamente monótona no que diz respeito aos fósseis, ela se afasta no tempo até cerca de 4,1 Ga, quando as mais antigas rochas são encontradas. Rochas dos 550 Ma anteriores até o nascimento da Terra são ainda mais raras. Portanto, fazendo as contas, cerca de 4 Ga haviam se passado desde a origem da Terra até que as primeiras rochas contendo macrofósseis de animais com conchas e carapaças se tornassem comuns pelo mundo, há 541 Ma, no período Cambriano. Nesse megaintervalo de tempo floresceram somente seres microscópicos desprovidos de carapaças ou quaisquer outras partes rígidas fossilizáveis e, sem os fósseis nas rochas, fica difícil subdividir o tempo.

Se, por um lado, geólogos e paleontólogos podem fracionar o tempo em eras e períodos estudando as rochas fossilíferas, no tempo da vida microscópica isso é quase impossível.

As sucessões de carapaças e esqueletos que se empilharam no éon da vida visível, o Fanerozoico (541 Ma – hoje), cujos fósseis são encontrados em todos os continentes, nos permitem caracterizar linhas de tempo globais mais ou menos precisas. Essas linhas marcam os limites entre eras, períodos, épocas e muitas outras subdivisões menores. Vários períodos se sucederam e tiveram seus limites marcados por mudanças que hoje podem ser observadas em algumas regiões, tanto pelo aparecimento de um ou outro fóssil como por variações químicas nas rochas, atribuídas, por exemplo, a alguma marcante mudança do clima. O início do período Cambriano, 541 Ma atrás, é conhecido pelo mundo devido a rochas que registram o aparecimento de galerias escavadas possivelmente por um priapulídeo, *Treptichnus pedum*, linhagem de vermes marinhos ainda viventes, que buscava alimento ou abrigo no sedimento marinho. Essas mesmas marcas equivalem também ao início do éon Fanerozoico e da era Paleozoica. Mais à frente, 252 Ma atrás, após a terceira grande extinção da fauna e flora, o aparecimento de pequenos dentículos de um grupo de vertebrados já extinto, o conodonte *Hindeodus parvus*, marca o início do período Triássico (abrindo a era Mesozoica e, consequentemente, o final da era inaugurada por *Treptichnus pedum*). Algum tempo depois, em rochas das maravilhosas montanhas Karwendel, entre a Áustria e Alemanha, o início do período Jurássico é marcado pela ocorrência do amonita *Psiloceras spela*. E é assim com praticamente todas as divisões. Esses limites, hoje muito bem definidos, são quase sempre marcados por fósseis pequeninos de animais ou plantas que viveram em amplas regiões pelo mundo, e que por isso podem ser usados como marcos do início e fim de éons, eras, períodos etc.

Foi assim que, com seus muitos fósseis, o quarto e último éon – o Fanerozoico – foi subdividido em três eras, onze períodos, dezenas de épocas e centenas de estágios.

Boring billions

No entanto, por cerca de 3,5 Ga a vida permaneceu praticamente microscópica, bacteriana, unicelular, sem marcadores biológicos de fácil reconhecimento, com fósseis quase impossíveis de serem usados como marcadores do tempo. Por exemplo: o terceiro éon, o Proterozoico, que se estende por quase 2 Ga, tem apenas três longas eras e dez intermináveis períodos – exceto pelo mais jovem, com 200 Ma de duração, quando a vida já começava a dar seus primeiros sinais de multicelularidade –, subdivididos não pelos fósseis, mas pela datação radiométrica das rochas. Recuando até o éon anterior, o Arqueano, as subdivisões são ainda mais problemáticas porque os sinais de vida são bem mais escassos. O Arqueano se estende por 1,5 Ga e é subdividido em quatro longas eras, cada uma com 500 Ma, tempo que os geólogos até hoje não conseguiram subdividir em períodos. Retrocedendo à base da história da Terra, o primeiro éon, o Hadeano, ocupa os primeiros 550 Ma da história de um planeta ainda jovem – tempo no qual pouquíssimas rochas existiam e que, até alguns anos atrás, devido à falta de rochas preservadas, era conhecido como um intervalo hipotético. Apenas suas duas extremidades tinham marcadores temporais. Seu início foi determinado pela idade dos meteoritos, coincidente com o nascimento da Terra, por volta de 4,570 Ga atrás – só que meteoritos não são coisas da Terra –, e seu final foi marcado pelo aparecimento das mais antigas rochas conhecidas, com cerca de 4 Ga de idade. Atualmente são conhecidas no Canadá rochas com 4,1 Ga e, na Austrália, cristais de zircão cuja datação radiométrica indica uma idade de 4,4 Ga, o que faz desses objetos de origem terrestre os mais antigos que conhecemos – meteoritos são mais antigos, mas não têm origem terrestre. E mais: a complexa história de formação dos granitos nos quais esses cristais de zircão se formaram inclui a presença obrigatória de água no estado líquido, levando os cientistas a determinar que, pouco mais de 100 Ma após o nascimento da Terra, as regiões mais rebaixadas da crosta já estavam preenchidas com oceanos primitivos. Com água líquida no início do Hadeano, quem pode afirmar que a vida ainda não replicava suas células 1 Ga antes das mais antigas evidências fósseis que conhecemos, microscópicos filamentos bacterianos com 3,5 Ga de idade descobertos em rochas australianas?

Comparado ao andamento do tempo observado em um relógio, as rochas fanerozoicas repletas de fósseis nos permitem ver até os "segundos" do tempo geológico, por vezes em intervalos de apenas alguns milhares de anos. Rochas dos outros três grandes éons anteriores (Hadeano, Arqueano, Proterozoico) praticamente não nos mostram subdivisões, como se olhássemos para um relógio sem traços, somente com o ponteiro das horas, nos permitindo reconhecer apenas um ou outro momento no tempo. Muitos consideram esse longo período chato e sem graça, por isso o chamam de *boring billions*. No entanto, ele foi vital para que a vida complexa existisse hoje.

Desde o surgimento da vida, próximo ao limite dos éons Hadeano e Arqueano, há cerca de 4,0 Ga, até 541 Ma atrás, 3,5 bilhões de anos fluíram em um mundo habitado quase exclusivamente por seres microscópicos. A superfície inundada da Terra era um grande meio de cultura, onde bactérias faziam seus experimentos genéticos sem burocracias, licitações ou prazos de entrega. Foi um longo intervalo no qual a vida permaneceu minúscula, unicelular, no máximo como microfilamentos. Sem uma boa lupa, por toda essa vastidão temporal, dificilmente reconheceríamos seres vivos caso nos fosse possível visitar a Terra. Além disso, sem bons equipamentos, não resistiríamos à falta de oxigênio e à alta incidência de raios ultravioleta (UV).

ESCUDO GASOSO INVISÍVEL – O nascimento da camada de ozônio

Naquele tempo, na escassez da fotossíntese, a porcentagem de oxigênio molecular (O_2) na atmosfera era praticamente nula: 0,14%, próxima das condições atuais de Marte. Por isso, a camada de ozônio (O_3) ainda não existia, o que possibilitava a chegada dos raios UV em grande abundância na superfície terrestre. Curiosamente, o bombardeio destes produzia uma quantidade mínima de O_2 por meio da fotólise do vapor de água na atmosfera:

$$2H_2O + UV_{energia} \rightarrow 4H + O_2$$

Não era possível respirar e a exposição por algumas horas às ondas UV nos fritaria.

O ozônio se forma por duas reações simples, quando energia ionizante proveniente do Sol atinge moléculas de O_2 na região inferior da estratosfera, entre 10 e 15 km de altitude, onde também fica acumulado.

A primeira reação é induzida pelo próprio UV, que parte o oxigênio molecular em dois:

$$O_2 + UV_{energia} \rightarrow O + O$$

E, então, um destes se liga a outro O_2, formando o ozônio:

$$O + O_2 \rightarrow O_3$$

Esse ozônio absorve boa parte dos perigosos raios UV provenientes do Sol e possibilita que haja vida exposta à radiação solar na superfície. Com a fotossíntese liberando O_2, a camada de ozônio cresceu. Por volta de 600 Ma atrás, ela já oferecia alguma proteção aos seres vivos que se aventuravam na superfície terrestre – algas, fungos e liquens – e foi fundamental para que a vida mais complexa se aproximasse da costa para viver em águas rasas e, bem mais tarde, como vimos, chegasse à terra seca.

Por volta de 3,7 bilhões de anos atrás a fotossíntese oxigênica já acontecia (há quem acredite que bem antes disso). Nesse tempo, algumas bactérias já realizavam um tipo diferente de fotossíntese em pigmentos chamados bacterioclorofila, produzindo O_2 em pequenas quantidades. A vida então começou a oxigenar o mundo: primeiro as águas e, em seguida, a atmosfera. No entanto, embora existam evidências fósseis de bactérias fotossintetizantes em rochas dessa idade, a concentração de O_2 não crescia nas águas, e por algumas centenas de milhões de anos a quantidade se manteve cerca de mil vezes menor que a atual. Para onde ia esse O_2 resultante da fotossíntese?

Durante os primeiros bilhões de anos, havia ainda muito ferro iônico dissolvido nas águas ácidas dos oceanos primitivos, e é possível que este sequestrasse o oxigênio molecular. O Fe^{2+}, solúvel em água, se unia ao O_2, e ambos se precipitavam no fundo marinho como magnetita (Fe_3O_4) ou hematita (Fe_2O_3):

$$3Fe^{2+} + 2O_2 \rightarrow Fe_3O_4 \text{ (magnetita)}$$

e

$$2Fe_3O_4 \text{(magnetita)} + \tfrac{1}{2}O_2 \rightarrow 3Fe_2O_3 \text{ (hematita)}$$

Foi durante esse longo período, entre 3,7 e 1,8 Ga atrás, que as grandes jazidas de ferro (hematita e magnetita) formaram-se no mundo, incluindo as gigantes brasileiras das serras dos Carajás, no Pará, de Urucum, no Mato Grosso do Sul, e do Quadrilátero Ferrífero, em Minas Gerais (ver cenário 1, página 159). Parte do ferro que nos envolve foi extraída dessas rochas. Repare à sua volta: tem ferro por aí? Ele vem da nossa pré-história.

Assim, naquele tempo, antes de sermos torrados pelo UV, sufocaríamos rapidamente. Com tão pouco oxigênio, a vida não podia crescer, pois era impossível oxigenar um corpo muito grande. A vida permaneceria minúscula por mais 2,6 Ga.

Mas, enfim, se as plantas ainda não existiam, quem realizava a fotossíntese?

A VIDA E AS CIANOBACTÉRIAS

Não podemos prosseguir sem ao menos um breve louvor às cianobactérias. Devemos a elas, ainda hoje, a existência da vida complexa em toda a Terra.

Tais criaturas procarióticas são os seres vivos mais bem-sucedidos de toda a história da vida. São bactérias, e realizam fotossíntese. Sua simplicidade biológica fez com que pudessem habitar diversos ambientes, até locais onde nenhum outro ser vivo pode viver, além de cultivar a maior diversidade genética conhecida. Geneticamente, são mais diferentes entre si do que nós, humanos, somos de um cogumelo.

Embora apelidado de *boring billions* (algo como "bilhões de anos de chatice"), esse longo tempo de vida microscópica efervescia geneticamente no interior das células. Depois da presença de água no estado líquido e dos elementos químicos mais abundantes e fundamentais para a vida, como C, H, O, N, P, S (*chonps*, para quem quiser memorizar) e outras duas dúzias pouco abundantes, foram as cianobactérias que tornaram possível a vida como ela é hoje. Esses microrganismos realizam, desde os primórdios da história da Terra, três tarefas que gradualmente mudaram o mundo, proporcionando que a vida deixasse de ser simples e microscópica para ser tudo o que vemos: a fotossíntese, quando ocorre a fixação de dióxido de carbono (CO_2) e a liberação de oxigênio (O_2), e a fixação de nitrogênio (N_2).

As cianobactérias oxigenaram o mundo muito antes das plantas, capturando o gás carbônico e retirando o oxigênio das moléculas de água para dissolvê-lo nos oceanos, que de lá escapava para a atmosfera:

$$6CO_2 + 6H_2O + (Luz) \rightarrow C_6H_{12}O_6 + 6O_2$$

Retirar oxigênio de um ser vivo é como puxar o plugue da tomada. Oxidando carboidratos (açúcares) e gorduras, respiramos para produzir energia e manter a vida acesa. Por isso respiramos – tarefa explicada pelo Ciclo de Krebs, que há gerações tortura jovens que precisam memorizá-lo na escola (trauma pessoal, por isso me recuso a reproduzi-lo aqui).

Os seres vivos também precisam de N para a construção de nucleotídeos, a fim de produzir três substâncias fundamentais à vida: DNA, RNA e aminoácidos para a construção de proteínas. Sem elas não seria possível viver, nem mesmo existir como algo vivo, pois são essas as substâncias que caracterizam a vida. Em média, 20% de tudo o que temos em nosso corpo é feito com essas três moléculas, que levam nitrogênio (N) em sua composição. Sem elas, restaria do nosso corpo apenas uma massa de gordura (10%), carboidratos (1%), e outros 23 elementos compondo sais minerais (4%), flutuando em uma grande poça de água (65%).

Embora o N_2 seja o gás mais comum na atmosfera (78%), ele é relativamente inerte, não se liga a nada, a ponto de não o retermos nem mesmo ao respirá-lo. Em seguida vem o O_2 (21%), e, por fim, todos os outros gases (1%). Para quem ainda tem dúvidas, o CO_2, que mantém a atmosfera aquecida, representa apenas 0,037%. Mas precisamos do nitrogênio – boa parte dele vem das cianobactérias, que conseguem fixá-lo por meio do seu metabolismo, ligando o N_2 a três hidrogênios, produzindo a amônia (NH_3):

$$N_2 + 8H^+ + 8e^- \rightarrow 2NH_3 \text{(amônia)} + H_2$$

que a própria cianobactéria oxida em dois passos, transformando-a em nitritos (NO_2^-)

$$NH_3 \text{(amônia)} + O_2 \rightarrow NO_2^- \text{(nitrito)} + 3H^- + 2e^-$$

e nitratos (NO_3^-)

$$NO_2^- + H_2O \rightarrow NO_3 \text{(nitrato)} + 2H^+ + 2e^-$$

que podem ser absorvidos pelas plantas, e por elas chegam aos animais (que as comem), e deles, a nós, e assim construímos nossas proteínas.

O TEMPO GEOLÓGICO E A VIDA PRIMITIVA

Além de nos fornecer O_2 e N, as cianobactérias desenvolveram um eficiente mecanismo de concentração de CO_2, transformando-o em bicarbonato (HCO_3^-):

$$CO_2 + \text{cianobactérias} \rightarrow HCO_3^- \text{ (bicarbonato)}$$

que entra na cadeia alimentar ou então é soterrado com os sedimentos, mantendo o efeito estufa sob controle.

Sem as cianobactérias não haveria na Terra vida além da microscópica, as águas não teriam oxigênio molecular e a camada de ozônio não teria se formado, não existiriam plantas e animais, não existiria vida sobre os continentes – incluindo samambaias e coqueiros, mamíferos e dinossauros –, e as eras das quais estamos falando se resumiriam a apenas uma, bem longa e monótona, os *boring billions* de fato.

SUPERMICRÓBIOS

Por volta de 2,2 Ga, quando a Terra era um grande e bem-sucedido laboratório da vida, um dos maiores passos da evolução foi consolidado concomitante a uma ligeira elevação da quantidade de O_2 nas águas para 1% a 2%. A vida saltou do mundo procariótico das bactérias para células mais modernas e sofisticadas, capazes de manter o material genético em um núcleo, provavelmente por meio da endossimbiose sintrófica, quando algumas bactérias tentaram resolver a vida dentro de outras bactérias e a evolução transformou-as no núcleo celular. Apesar do nome complicado, a endossimbiose sintrófica é muito comum no mundo, mais do que podemos imaginar. Bactérias, arqueas[4] e fungos vivem no interior de praticamente todos os seres vivos, incluindo você e eu, e essa parceria é tão intensa que morreríamos quase instantaneamente se fossem eliminados de nós – entenda agora porque algumas mães evitam religiosamente tratar seus filhos com antibióticos.

Além de reter o material genético, o núcleo tornou-se a "central de controle" das células. A endossimbiose sintrófica também deu origem a

---

4. Arqueas são um agrupamento composto por microrganismos procariontes comumente encontrados em ambientes extremos de alta temperatura, acidez ou alcalinidade. Arquea compõe um dos três grandes domínios da árvore da vida universal 🛈, junto a Bacteria (bactérias) e Eukarya (eucariontes).

ÁRVORE DA
VIDA UNIVERSAL

página 193

organelas como as mitocôndrias e cloroplastos das células eucariontes, seres engolidos que ainda retêm o material genético do tempo em que eram procariontes livres. As células eucariontes construíram inúmeras outras organelas, como o retículo endoplasmático, o complexo de Golgi etc. Nasceram com elas praticamente todos os organismos que hoje compõem a vida visível ⓘ.

> **CÉLULAS EUCARIONTE E PROCARIONTE**
> 👁
> página 194

Mais modernas, as células eucariontes evoluíram por mais 400 Ma em um exército de giárdias, tricomonadídeos, flagelados, entamoebas, alveolados, mofos e ciliados, até que deram origem às primeiras plantas e fungos, e com estes, à multicelularidade. Mais um bilhão de anos se passou e outra via foi encontrada pela vida para a multicelularidade – foram várias tentativas. Apareceram os primeiros animais, os metazoários, com e sem carapaças, marcando o início do novo éon da vida visível do qual já falamos. Foram cerca de 2 Ga de gestação no interior de células procarióticas com 0,03 mm de diâmetro, e mais 2 Ga em células eucarióticas dez vezes maiores, mas ainda invisíveis para nós. Embora não percebamos, ainda estamos imersos nesse mundo microscópico bacteriano, sem o qual a vida não funcionaria e não existiríamos, nem qualquer outro bicho ou planta, nem os dinossauros.

Todos os organismos multicelulares são jardins de bactérias, incluindo nós mesmos. Dentre os milhares de microrganismos que compõem o microbioma que carregamos, mais de quinhentas espécies vivem somente em nosso intestino, outras quinhentas em nossa boca. A estimativa mais atual do número de células que compõem o corpo de um humano adulto é de 37 trilhões. Os cálculos do número de bactérias que vivem em nosso corpo somam 100 trilhões. Nossa vida é totalmente dependente dessa copiosa endossimbiose.

Embora minúscula, foi a vida microscópica que fertilizou e preparou as águas, a terra, e o ar para o desenvolvimento da vida macroscópica. Pouco mais de 550 Ma atrás, já era possível observar a olho nu uma grande variedade de pequenas criaturas se movendo sobre o substrato, escavando galerias ou então presas à lama por meio de pequenos aglomerados orgânicos, filtrando a vida microscópica que agora lhes servia de alimento.

A VIDA NÃO TÃO ANTIGA

Como vimos, "Mesozoico" é a era dos "bichos do meio", e se existe uma era do meio, deve haver ao menos outras duas – a dos bichos mais antigos e a dos bichos mais novos. A era anterior, Paleozoica, bem mais remota, inaugurou o quarto e último éon 541 Ma atrás.

A TERRA BOLA DE NEVE, AS CIANOBACTÉRIAS E A MULTICELULARIDADE

Nos 200 Ma anteriores ao início da era Paleozoica, a Terra havia passado por ao menos três longos períodos glaciais – dois dos quais a congelaram completamente, de um polo ao outro, em eventos hoje chamados pelos geólogos de "Terra bola de neve". Foram longos e terríveis períodos, quando a vida pôde sobreviver somente confinada às pequenas áreas vulcânicas, submersas sob a espessa camada congelada, ou ao longo das fraturas no gelo por onde a luz ainda podia penetrar até a água. Mas essa extensa e frígida adversidade trouxe um precioso momento para a vida, conduzindo-a para um de seus maiores saltos, o da multicelularidade, quando surgiram os primeiros animais.

Com o fim dessas glaciações, o derretimento do gelo sobre os continentes perdurou por milhares de anos, varrendo para os oceanos enormes quantidades de nutrientes que promoviam o crescimento explosivo das maiores produtoras de oxigênio: as cianobactérias e as algas. Nesse tempo, a concentração de oxigênio nos oceanos e na atmosfera respirou fundo e deu mais um salto, aumentando para cerca de 15%. Foi o suficiente para que microrganismos unicelulares se unissem em uma complexa parceria que a evolução, ao longo de milhões de anos, transformaria na multicelularidade dando origem aos primeiros animais, algo parecido com as esponjas ou águas-vivas.

EXPLOSÃO CAMBRIANA

O oxigênio possibilitou o crescimento da vida, e a nova era se iniciou com uma longa explosão cambriana de carapaças e esqueletos, que se estendeu entre 535 e 505 Ma atrás. Pela primeira vez as rochas ficaram repletas de fósseis, porque a evolução produziu muitos organismos com carapaças fossilizáveis. Tais rochas marcam o início do éon Fanerozoico, da era Paleozoica, do período Cambriano. As rochas mais famosas dessa época encontram-se expostas no alto das Montanhas Rochosas do sul do Canadá. Lá, em uma fina camada de rocha conhecida como folhelho Burgess, milhares de representantes de ao menos 125 espécies ficaram fossilizados em rochas com 508 Ma de idade, boa parte deles de afinidades misteriosas, experimentos evolutivos do início das linhagens que os paleontólogos há mais de um século tentam compreender. Não tão famosa, mas ainda mais espetacular, é a diversidade da fauna cambriana 25 Ma mais antiga preservada em outro folhelho, o Maotinshan, na China, de onde já são conhecidas 185 espécies. Foi o tempo de maior criatividade que a vida experimentou. Conhecida desde os tempos de Charles Darwin, essa explosão de diversidade é ainda hoje um dos assuntos mais fascinantes da paleontologia mundial.

No período Cambriano, os animais logo infestaram os mares e seus restos foram preservados sobre vários continentes – mas nem todos. China, América do Norte, Austrália, Groenlândia e alguns outros fragmentos de continentes estavam parcialmente inundados por mares continentais e tinham posição privilegiada na região tropical da Terra cambriana – região onde ainda hoje as espécies preferem se multiplicar.

Mas, naquela época, terras brasileiras deslizavam em altas latitudes, próximas ao polo sul, e mares não avançavam por aqui. Se a fauna e flora ainda estavam restritas às águas, podemos entender por que não temos fósseis dessa idade em nossas terras. Com raríssimas exceções – rochas afossilíferas, destroços deixados pela força das geleiras que cobriam parte das nossas terras durante o Cambriano e que a geologia se esqueceu de apagar –, não existem registros do tempo cambriano por aqui.

No entanto, no delicioso banho-maria equatorial dos mares que cobriam os continentes em latitudes mais baixas, estavam as esponjas, ctenóforos, medusas, trilobitas, moluscos, anelídeos, braquiópodes, equinodermos, cordados e quase toda a disparidade que a vida multicelular foi capaz de inventar. Praticamente tudo que conhecemos hoje da vida animal (cerca de 35 modelos, os chamados filos) apareceu naquele tempo cambriano, o primeiro corredor onde restos de vida tornaram-se visíveis no grande labirinto. Lá, nos primeiros peixes ainda sem mandíbulas, estavam as sementes de todos os cordados, o filo pelo qual fluiu a vida dos vertebrados – hoje representado pelos peixes, anfíbios, répteis e mamíferos.

O HUMILDE REINO DOS TRILOBITAS

Naquele tempo paleozoico eram outros os bichos que reinavam, sempre na água. Para os paleontólogos, depois dos dinossauros, os trilobitas são os bichos fósseis mais ilustres e notáveis, como se fossem os "dinossauros" da era Paleozoica. Mas não eram. Eram artrópodes, como insetos e caranguejos, e embora lembrem na aparência os tatuzinhos de jardim, também não eram crustáceos, mas quelicerados, parentes antigos das aranhas, escorpiões, carrapatos, do límulo (animal do qual quase ninguém ouviu falar) e da aranha-do-mar, que não é aranha, mas um parente próximo (da qual quase ninguém também ouviu falar).

As aranhas, que hoje conhecemos muito bem e vemos sempre por aí, evoluíram somente 140 Ma mais tarde, a partir de animais que já viviam em terra firme. São um projeto de grande sucesso, atualmente com cerca de 43 mil espécies vivendo em todos os cantos do mundo. Assim como formigas, não há quem não tenha visto uma aranha. No entanto, como os dinossauros, com a raríssima e única exceção atual, *Argyroneta*, por vezes chamada de aranha-aquática, as aranhas nunca foram viver na água. De fato, *Argyroneta* não é uma aranha aquática, pois vive dentro de um casulo que constrói com seda, o sino, cheio de ar que ela mesma transporta para respirar sob as águas frias de lagos do Ártico. Belo esconderijo. Um nome mais apropriado seria, quem sabe, aranha-mergulhadora. Para a vida e a evolução quase tudo foi possível em 400 Ma, mas até que novos fósseis sejam descobertos e mostrem que aranhas já viveram na água, fica decidido que não existem ou existiram aranhas aquáticas.

Foi também na era Paleozoica que os peixes prosperaram e as plantas deixaram as águas para morar em terra firme, formando pela primeira vez grandes florestas. Atrás delas vieram bichos de todos os tipos, claro, e embora não tenhamos fósseis desse momento de terrestrialização, tudo isso ocorreu em nossas terras, nas poucas áreas que não estavam inundadas por aqui durante o período Devoniano, enquanto os trilobitas reinavam, muito antes dos primeiros dinossauros.

Por volta de 450 Ma atrás, entre os períodos Ordoviciano e Siluriano, as atuais terras brasileiras foram tomadas por mares continentais que trouxeram consigo raras evidências de vida. Nesse tempo, o Pangea ainda não estava formado e terras hoje brasileiras ocupavam altas latitudes, se não o próprio polo Sul. Assim, as águas estavam frias e a diversidade animal e vegetal, como sempre, se multiplicava nos mares que ocupavam continentes nas baixas latitudes equatoriais. Quase nada ficou preservado por aqui.

Voltando ao corredor dos trilobitas, no Brasil, fósseis marinhos como dos trilobitas, moluscos e braquiópodes são comuns em rochas a partir do período seguinte, o Devoniano. Têm idades entre 390 e 385 Ma e são encontrados em formações geológicas preservadas nas bacias sedimentares do Amazonas, Parnaíba e Paraná; outros raríssimos trilobitas, pouco mais recentes, aparecem em rochas do período Carbonífero. No estado do Paraná eles ocorrem aos montes, porém com diversidade baixa, em rochas depositadas em um mar de águas frias que cobria a região ainda antes do nascimento do Pangea. Tais rochas afloram perto das cidades de Tibagi e Jaguariaíva, e nelas encontramos nossos mais ilustres representantes da vida marinha devoniana, os trilobitas.

No entanto, se fizermos as contas, das cerca de 20 mil espécies fósseis de trilobitas conhecidas em todo o mundo, somente uma dúzia parece ter vivido por aqui – muito pouco se considerarmos as dimensões de nossas terras. Eles pareciam não tolerar as águas frias que aqui perduraram por quase toda a era Paleozoica, ou então não chegavam até esta região porque as águas marinhas não transbordaram sobre o continente em longos intervalos durante a era Paleozoica. Como os trilobitas estavam confinados às águas salgadas, nem pelos rios podiam avançar até as bacias sedimentares. Por pouco não encontraríamos seus fósseis em terras brasileiras, e estaríamos aqui tentando compreender por que os trilobitas não viveram nestas terras. A relativa frequência com que são encontrados em rochas de idade devoniana no Brasil mais uma vez perturba nosso entendimento a respeito dessa incrível linhagem de artrópodes. Por vezes, explorando a camada correta de rocha, é possível encontrar diversas carapaças em apenas um dia de coleta, o que nos dá a impressão de que viviam em densas populações. Mas o fato é que os trilobitas, diferente de moluscos, braquiópodes e equinodermos, também comuns naquelas rochas, trocavam várias vezes sua carapaça ao longo da vida para que pudessem crescer. Praticamente todos os restos que conhecemos desses animais no Brasil são suas "roupas velhas" descartadas. Porque eram parcialmente enrijecidas com carbonato de cálcio, puderam ser fossilizadas.

Nos 290 Ma em que viveram, os trilobitas sobreviveram a duas grandes extinções em massa, no final dos períodos Ordoviciano e Devoniano. No entanto, na terceira grande extinção permotriássica, da qual já falamos, já reduzidos em número e diversidade, não resistiram e morreram com a era Paleozoica. Os trilobitas representam muito bem o fim da "vida antiga", tendo aberto e fechado a longa era Paleozoica. "Vivem" hoje apenas como fósseis nas rochas, nos livros e na nossa imaginação, pois não deixaram descendentes.

Mas aquelas águas devonianas frias e pouco povoadas, pilotadas por raros trilobitas, deixaram outro grande enigma que os paleontólogos brasileiros ainda tentam decifrar.

O MISTERIOSO *Notopus petri*

página 214

Como vimos, no período Devoniano, as águas oceânicas ocupavam boa parte de nossas terras em amplas transgressões. Continentes como a América do Norte, Austrália e a gigante Groenlândia desfrutavam da diversidade biológica em suas águas calorosas e bem iluminadas na região equatorial, e foi lá que a vida deixou a maioria dos fósseis marinhos. Foi também nesse tempo que ocorreu a transição dos peixes para os anfíbios, quando pela primeira vez os vertebrados se aventuraram fora da água.

O clima e as águas por aqui não eram calorosos, mas nossas rochas devonianas guardaram um icnofóssil – nome técnico dado às pegadas, pistas, fezes fossilizadas etc. – que ainda hoje é cercado por uma espessa camada de controvérsias. Na década de 1980, um importante paleontólogo italiano, Giuseppe Leonardi, a quem devemos a maior parte do conhecimento das pegadas fósseis de dinossauros e outros bichos da nossa pré-história, descreveu uma misteriosa marca encontrada em rochas do estado do Paraná com cerca de 400 Ma de idade. Batizada de *Notopus petri*, é marca única de uma pata esquerda, com apenas quatro dedos, impressa em sedimentos de águas marinhas rasas por um animal que Giuseppe acredita tratar-se de uma das mais antigas evidências de um tetrápode conhecidas no mundo. Se *Notopus petri* foi mesmo um vertebrado anfíbio tetrápode, foi ele o primeiro a pisar nas terras que mais tarde dariam origem à América do Sul.

No entanto, uma polêmica logo se estabeleceu. *Notopus petri* está fora das águas tropicais devonianas onde todas as outras escassas evidências de tetrápodes anfíbios foram até agora encontradas. Além disso, a anatomia de uma pata com apenas quatro dedos não ajuda, porque os dígitos derivaram de nadadeiras lobadas repletas de ossos, que possivelmente deram origem a numerosos dedos. Para se ter uma ideia, do mais antigo para o mais novo, a sequência de anfíbios tetrápodes descoberta pelo mundo tropical em rochas pouco mais recentes, também do Devoniano, contraria a ordem no número de dedos observada em *Notopus petri*. Segundo o que conhecemos na atualidade a partir de restos corporais, podemos montar a sequência de aparecimento dos dígitos com os tetrápodes *Acanthostega* (380 Ma, oito dedos), seguido de *Ichthyostega* (370 Ma, sete dedos), ambos encontrados na Groenlândia, e *Tulerpeton* (365 Ma, seis dedos), da Rússia, que nos mostram que o número de dedos nas patas era alto, e diminuiu ao longo do tempo. *Notopus petri*, no entanto, é anterior a todos eles e deveria apresentar número de dígitos ainda maior, e não quatro, como é o caso.

CENÁRIO 6
página 169

O fantasma do Devoniano – Paleontólogos experientes acreditam que uma marca encontrada em rochas brasileiras com cerca de 400 Ma de idade tenha sido deixada pela pata de um anfíbio tetrápode. Esse insosso porém misterioso icnofóssil não chamaria tanto a atenção se não estivesse entre as mais antigas evidências da existência de um animal que já apresentava quatro patas com dedos e, quem sabe, até já se aventurasse fora da água, em um dos eventos mais significativos na história da evolução da anatomia e do comportamento dos vertebrados: a conquista dos ambientes terrestres. No entanto, paleontólogos igualmente experientes acham que não se trata de uma pegada, mas marcas deixadas pelos braços de uma estrela-do-mar que descansou ali durante algumas horas. O fato é que, por se tratar de marca única, a determinação da sua origem, se estrela ou anfíbio, é ainda mais difícil. Embora fósseis de estrelas-do-mar sejam comuns naquelas rochas, suas marcas de descanso são praticamente inexistentes. Do mesmo modo, ossos ou outras evidências de vertebrados anfíbios nunca foram encontradas em mais de cem anos de coleta. Assim como fantasmas, acredito que *Notopus petri* jamais tenha existido, mas ofereço aqui um voto de confiança aos paleontólogos que o descobriram. Nesta cena, pela floresta de algas filamentosas, *Notopus petri* tenta capturar *Burmeisteria notica*, o maior trilobita da nossa pré-história, com cerca de 15 cm. No substrato marinho, estrelas-do-mar deixaram marcas de descanso – ou seriam pegadas? Conchas desarticuladas de moluscos e braquiópodes muito comuns naquela época se espalham no fundo lamacento. Nesse ambiente se depositaram os sedimentos que deram origem às rochas da formação Ponta Grossa, bacia do Paraná, no período Devoniano, há 400 Ma (hoje expostas no estado do Paraná, próximas à cidade de Tibaji e Jaguariaíva).

página 213

E mais, praticamente toda a turma de anfíbios fósseis devonianos conhecida foi encontrada em sedimentos depositados em ambientes de água doce, como de rios e lagos, onde os quatro membros com dígitos evoluíram. *Notopus petri* foi achado em sedimentos marinhos contendo fósseis de trilobitas, equinodermos e braquiópodes, animais exclusivamente marinhos.

Assim, esse suposto tetrápode parece ter vivido muito distante do clima ideal, fora da sua época e de seu ambiente, e com o número de dedos diferente do esperado. Muito conhecimento geológico e biológico precisa estar errado para encaixarmos esse animal em um esquema evolutivo no mínimo razoável.

Em 2010, paleontólogos poloneses encontraram em rochas formadas a partir de sedimentos depositados em uma extensa planície de maré devoniana, 395 Ma de anos atrás, o que é hoje considerada a mais antiga evidência da existência de um tetrápode. O incrível icnofóssil mostra uma sequência com dezesseis pegadas distribuídas ao longo de uma superfície com aproximadamente 2 m de comprimento. No entanto, a trilha bem marcada, evidentemente deixada por um animal quadrúpede, esbarra em um pequeno detalhe técnico. Membros tetrápodes incluem na sua definição a presença de dígitos, que não são vistos na extensa trilha deixada pelo anfíbio polonês. Raramente encontramos tudo o que precisamos.

Mas se o icnofóssil *Notopus petri* não foi deixado por um anfíbio tetrápode, quem será que o produziu? Alguns paleontólogos acreditam que a marca atribuída a *Notopus petri* foi, na verdade, deixada por uma estrela-do-mar que descansou durante algumas horas naquele fundo marinho – e estrelas existiram aos montes por lá naquele tempo. As chamadas marcas de descanso podem se formar quando o animal se ajusta na areia a fim de permanecer discretamente escondido. Também são icnofósseis, o registro de que um animal esteve por ali, e também recebem um nome, *Asteriacites*.

Uma segunda e uma terceira pegadas formando uma pequena trilha resolveriam o mistério, mas elas nunca foram encontradas. Os paleontólogos estão atentos. Vamos esperar para saber. Se é uma pegada ou uma marca de descanso, não faz diferença, e deve haver outras naquelas rochas. Segundo um velho lema do paleontólogo, "tem uma, tem mais". Mas a dúvida permanece: *Asteriacites* ou *Notopus petri*?

Aquele generoso mundo devoniano teve suas regiões tropicais ocupadas pelas primeiras florestas, que se expandiram majestosamente pelo período seguinte, o Carbonífero, deixando fossilizadas espessas camadas de carvão mineral – e, nelas, muitos milhões de toneladas de CO_2. As consequências do soterramento do CO_2 foram opostas às das emissões: um tremendo efeito estufa inverso, que disparou uma glaciação que mais uma vez cobriu boa parte de nossas terras com espessos mantos de gelo. Por vários estados das regiões Sul e Sudeste do Brasil, rochas estriadas ou formadas por fragmentos triturados de outras rochas evidenciam o paciente avanço de imponentes e impiedosas geleiras. Camadas de sedimentos rítmicos são testemunhas da presença de lagos glaciais que congelaram e descongelaram enquanto o gelo pavimentava parte desse território, desta vez não apenas pela alta latitude onde nos encontrávamos, mas pela grande quantidade de CO_2 acumulado pelas novas florestas que cobriam os continentes nas regiões tropicais.

No entanto, distantes do sul, os mares do Carbonífero formavam um grande braço marinho que cobria parte dos atuais territórios do Peru, Bolívia e região Norte do Brasil, onde uma fauna marinha bem diversificada deixou guardada uma infinidade de conchas e carapaças. E o mar também se foi de lá.

O fato é que, durante a era Paleozoica, a vida nunca teve muita chance por aqui. Embora o gelo tenha deixado o continente no período seguinte, o Permiano, o Pangea havia acabado de nascer e nossos mares continentais perderam o contato com águas oceânicas e, sufocados, permitiram que raras faunas de moluscos, peixes e raríssimos tetrápodes de hábito anfíbio vivessem nessas terras. Junto às suas margens, algumas florestas se desenvolveram, abrigando um ou outro tetrápode terrestre.

Por fim, chegou o asteroide, e os efeitos do impacto, somados aos do grande vulcanismo siberiano, puseram um fim à nossa melancólica era Paleozoica.

A VIDA NOVA

Do final da era Paleozoica saltamos para a última das três, a era em que nos encontramos, a Cenozoica, da "vida nova". Só mais esta e já era.

Já era mesmo?

DEVANEIOS SOBRE O FIM DO MUNDO

O Sol, cuja luz alimenta a vida complexa na superfície terrestre, consumiu até agora somente metade do seu hidrogênio, combustível que ainda tem para queimar por outros 5 Ga. Durante esse tempo, inchará até a morte, expandindo seus limites por cerca de mais 2,5 Ga até se transformar em uma gigante vermelha. Com sua crescente atmosfera, ele levará a vida daqui evaporando toda a água terrestre, ao mesmo tempo que empurrará a zona habitável da região do espaço onde nos encontramos para o Cinturão de Kuiper, cinquenta vezes mais distante, onde hoje existem apenas gigantescos blocos congelados de amônia e metano. Em seguida, a tórrida atmosfera da gigante vermelha engolirá a Terra.

No entanto, temos ainda muito tempo. Aqui embaixo, o calor residual guardado no interior da Terra desde o tempo da sua formação não dá razões para pensarmos que as placas tectônicas vão parar de se mover, abrindo e fechando oceanos, repondo por meio dos vulcões os gases e a água que nutrem a atmosfera, aquecendo o mundo e tocando a vida. Há várias previsões por aí que indicam diferentes idades, mas é bem provável que a Terra deixará a zona habitável[5] na qual se encontra entre 1,75 a 3,25 Ga. Assim, muitas outras eras virão, e que caminhos a vida seguirá? Quem viver, verá.

---

5. A região do espaço onde a radiação do Sol permite que a água seja mantida no estado líquido e que a vida possa se desenvolver.

Podemos pensar em um fim prematuro e inesperado com o impacto de um grande asteroide, porém isso já aconteceu várias vezes e nunca decretou o fim da vida. Além disso, até onde sabemos – e sabemos pouco –, grandes asteroides não estão na lista de ameaças à Terra, como vimos anteriormente. O fim dos seres humanos pode estar perto, mas o da Terra e o da vida, sem chances.

A ERA CENOZOICA

O Cenozoico foi o tempo da expansão dos mamíferos, das plantas com flores e dos descendentes dos dinossauros que aprenderam a voar, todos semeados na era anterior. Ainda em andamento, ele perdura por apenas 66 Ma, quase cinco vezes menos que o Paleozoico e três vezes menos que o Mesozoico. No entanto, nesse tempo relativamente curto, muita coisa mudou, e a Terra ficou com este jeitão cenozoico, com esta aparência de geografia e clima modernos e com um revestimento vivo que nos é mais familiar. É a nossa era e a vemos acontecer, na lentidão geológica, na velocidade dos seres vivos, nos passos da Terra e da vida.

Os continentes continuaram sua dança, separando-se completamente até a configuração atual. A Índia cruzou a linha do Equador e se chocou com a Ásia, levantando o Himalaia e mudando o clima global, que congelou a Antártica, esfriou o mundo e reduziu muitas florestas a campos e pradarias, fazendo com que grandes símios descessem das árvores e andassem eretos, com as mãos livres para fazer coisas de hominídeo – construir e carregar ferramentas, dominar o fogo, cozinhar o alimento e, mais tarde, como *Homo sapiens*, construir cidades e usar celulares.

Foi nesta era que prosperaram os mamíferos e os dinossauros sobreviventes da quinta e última grande calamidade em massa, ocorrida há 66 Ma. Essas duas linhagens são tão numerosas e vivem em tantos lugares diferentes que rivalizam no título de bichos mais bem-sucedidos. Quanto aos dinossauros, é o segundo tempo do seu reinado – agora emplumados, no corpo das aves. Estas superam em número, cores, hábitos alimentares, sons, ocupação de habitats, modos de vida e distribuição geográfica todos os outros grupos de vertebrados terrestres – anfíbios, cobras e lagartos, crocodilos e mamíferos. Os dinossauros são ainda a glória da evolução em terra firme.

No Brasil, os motores internos que impulsionaram as montanhas nascidas durante a era Mesozoica – a Mantiqueira e a serra do Mar – foram reativados entre 34 e 20 Ma atrás. Enquanto as montanhas cresciam, longos riftes (alongadas depressões) afundavam, dando origem a sistemas de lagos intermitentes paralelos ao litoral, cujos vestígios geológicos se estendem hoje do Paraná ao norte do Rio de Janeiro. Por serem regiões sedimentares de relevo aplainado, normalmente cortadas por rios – e, por isso, boas para agricultura e criação de gado –, cidades como Curitiba, São Paulo, Taubaté, Volta Redonda e Resende prosperaram sobre elas. É a geologia determinando a ocupação da terra, mostrando que, em muitos casos, até mesmo o modo como ocupamos o espaço tem a ver com a pré-história da região. No passado, eram levados para essas bacias os sedimentos das montanhas que o tempo desfazia. A Mantiqueira já chorava as águas que a desmanchavam há 23 Ma, carregando sedimentos para o fundo de um daqueles riftes, na época afogados por grandes e acolhedores lagos. E para lá fluía a vida moderna que habitava a América do Sul.

SANTUÁRIOS DA VIDA

O lago Tremembé

Há 23 Ma, no limite entre os dois maiores períodos da era Cenozoica, o Paleógeno e o Neógeno, um lago com 170 km de extensão ocupava a margem leste do estado de São Paulo paralelamente ao litoral, no exato lugar onde hoje está o vale do rio Paraíba do Sul. As rochas ígneas e afossilíferas das antigas montanhas foram desfeitas em sedimentos que, hoje transformados em rochas, guardam fósseis que nos mostram como a vida foi exuberante na pré-história da região.

Aquelas águas atraíam plantas que sustentavam parte da bicharada sul-americana. Fósseis de uma rica flora e fauna extraídos de uma rocha escura de grãos muito finos, conhecida como formação Tremembé, testemunham que

CENÁRIO 7
página 171

página 216

A montanha que chora – Uma pequena família de astrapotérios se desloca vagarosamente pelas áreas alagadas marginais ao grande lago Tremembé, 23 Ma atrás. Embora lembrem as antas, astrapotérios pertencem a uma ordem distinta, Astrapotheria, evoluída na América do Sul e Antártica enquanto ainda havia alguma conexão entre esses dois continentes. Antas são invasoras por aqui – elas vieram da América do Norte cerca de 3 Ma atrás, por ocasião da formação da ponte entre as américas. Ao fundo, da imponente serra da Mantiqueira (do tupi-guarani "montanha que chora") escorrem as águas e os sedimentos que nutrem a floresta e o lago onde se refugiam bandos de flamingos, marrecos e uma infinidade de outros animais e plantas que escreveram esta parte da nossa pré-história. Nos ares, abutres teratornídeos, aves que na América do Norte chegaram a quase 4 m de envergadura, procuram pelos restos da morte a fim de manter o movimento da maravilhosa roda da vida. Nesse ambiente se depositaram os sedimentos que deram origem às rochas da formação Tremembé, bacia de Taubaté, no período Neógeno, 23 Ma atrás (hoje expostas no vale do rio Paraíba do Sul, próximo ao litoral do estado de São Paulo).

página 215

aquele foi mais um santuário na nossa pré-história. Esporos, polens, troncos e folhas fósseis comprovam que algas, samambaias, tifáceas (mesma família da taboa), mirtáceas (da pitanga), fabáceas (da pata-de-vaca), malváceas (do hibisco), anacardiáceas (do caju), apocináceas (da mangaba), nelumbonáceas (da lótus) e sapindáceas (do guaraná[6]) eram a base da intrincada cadeia, servindo de alimento para peixes e insetos, sapos e rãs, tartarugas, cobras e crocodilos, frangos d'água, galináceos, flamingos, tachãs, tatus, morcegos, roedores e linhagens já extintas de dentes-de-sabre e hienas marsupiais, liptoternos, astrapotérios, leontinídeos e piroterídeos. Estes, por sua vez, mortos, nutriam condores e urubus. Exceto por algumas linhagens já extintas, reconhecemos nessa lista boa parte dos animais e plantas que compõem a fauna e flora atuais, heranças do mundo pré-histórico de cara moderna – o Cenozoico, este tempo no qual vivemos e que já estava acontecendo 23 Ma atrás.

página 217

Às margens daquele lago também viveu nosso maior dinossauro dessa era, o *Paraphysornis brasiliensis*, carinhosamente apelidado de "ave-terror". Aves como essa, tecnicamente posicionadas na família Phorusrhacidae, evoluíram na América do Sul quando esta ainda era uma grande ilha e ocuparam a posição de superpredadoras entre 62 e 2 Ma atrás. Eram as

página 218

---

6. Não quer dizer que havia pitangueiras, cajueiros e guaraná como conhecemos hoje, mas árvores da mesma família, possivelmente com flores e frutas similares às das plantas atuais.

versões cenozoicas dos grandes dinossauros predadores que haviam sido extintos. Uma prima miniaturizada dessas aves vive ainda na América do Sul: a seriema. Predadoras de pequenos lagartos e mamíferos, não passam hoje de 90 cm de altura e não chegam a 2 kg, mas não foi assim no passado.

As aves-terror alcançavam 3 m de altura e 150 kg e tinham o crânio expandido e articulado a mandíbulas potentes com bicos curvos e robustos, semelhantes aos de uma águia, mas cerca de dez vezes maior. No entanto, a arquitetura do bico mostra que não possuíam uma mordida forte, mas sim uma poderosa bicada, como o direto de um boxeador, o que é também sabido pelas marcas de inserção dos tendões nos reforçados ossos do pescoço. As fortes pancadas na cabeça e pescoço das presas tinham como objetivo matar e quebrar os ossos a fim facilitar a ingestão, muitas vezes do animal inteiro. Podemos dizer que a refeição era resolvida, basicamente, na porrada! O armamento se completava com as pernas e patas muito fortes, que serviam para subjugar a presa contra o chão.

Uma espécie de ave-terror um pouco mais nova, com 15 Ma, foi descoberta na Argentina em 2006. *Kelenken guillermoi* tinha um crânio com 71 cm de comprimento (abra seus braços e imagine o que significa um crânio desse tamanho), 46 cm dos quais ocupado somente pelo bico. Essas aves eram tão fortes e poderosas que suas asas se atrofiaram para que fossem mais ligeiras no chão. Não havia necessidade de voar, apenas correr e saltar. Elas eram a tradução cenozoica do pânico para uma parte da fauna cujos predadores rivais eram marsupiais dentes-de-sabre, crocodilos e serpentes que se ocupavam de outra região da cadeia alimentar. Predadores como felinos e lobos ainda não haviam chegado por aqui. Essas aves infestaram as savanas sul-americanas, e o seu desaparecimento, cerca de 2,5 Ma atrás, coincide com a chegada dos grandes predadores mamíferos placentários do hemisfério Norte, dos quais ainda falaremos.

Mas a paleontologia é cheia de surpresas, muitas delas radicais. Em 2013, paleontólogos alemães analisaram o cálcio preservado nos ossos do esqueleto de *Gastornis parisiensis*, uma espécie de ave-terror que viveu em boa parte da Europa durante o Paleógeno, cerca de 50 Ma atrás. Com 2 m de altura e aparência assustadora, aves-terror eram tradicionalmente interpretadas como predadoras de topo, ocupando o lugar dos dinossauros terópodes não avianos que haviam desaparecido 15 Ma antes. No entanto, um novo método analítico aplicado aos ossos de *Gastornis* mostrou indícios de que, na verdade, essas aves curtiam mesmo era um bom prato vegetariano.

O cálcio circula pela cadeia alimentar em duas formas isotópicas – ^{40}Ca (leve) e ^{44}Ca (pesado) –, partindo das plantas para os animais herbívoros, e destes para os predadores intermediários e predadores de topo. Analisando o esqueleto de muitos animais, os cientistas perceberam que a quantidade do isótopo mais leve (^{40}Ca) presente nos esqueletos cresce pela cadeia alimentar em direção aos carnívoros, aos predadores terminais, de modo que o cálcio presente nos ossos dos herbívoros tem em maior proporção o isótopo pesado (^{44}Ca). O cálcio mais pesado vai ficando para trás, nos ossos dos herbívoros. A relação dos isótopos presente nos ossos do *Gastornis* assemelha-se à encontrada nos ossos de mamíferos herbívoros atuais – muito diferente, por exemplo, da observada nos ossos do carnívoro *T. rex*, onde a quantidade do isótopo leve é muito maior.

Essa nova ideia veio de encontro ao que já pensavam paleontólogos americanos. Pegadas de outra ave-terror, *Diatrima*, encontradas nos Estados Unidos, mostram que suas patas não estavam equipadas com poderosas garras para subjugar pequenos animais, típicas dos dinossauros predadores. Seus pés largos e almofadados levantaram suspeitas sobre se era ou não boa corredora, capaz de perseguir suas presas.

Reviravoltas como essas na interpretação do modo de vida dos animais extintos são muito comuns na paleontologia. Por isso, é muito frequente que os paleontólogos resolvam temporariamente o problema encontrando uma solução intermediária – nesse caso, considerando o animal de dieta onívora, ora carnívora, ora herbívora, dependendo do que estava disponível por perto quando a fome apertava.

A ave-terror brasileira

O único esqueleto de uma ave-terror conhecido no Brasil, *Paraphysornis brasiliensis*, tem uma história para lá de curiosa, e é hoje um orgulho da paleontologia brasileira.

No final da década de 1970, trabalhadores encontraram ossos graúdos nas argilas do extinto lago Taubaté – as rochas da formação Tremembé, no Vale do Paraíba. Curiosos e sem uma grande universidade por perto, procuraram por um especialista em ossos – claro, um médico ortopedista. Fascinado pelo seu objeto de trabalho, ao qual já havia dedicado boa parte da vida, Herculano Alvarenga adotou o novo esqueleto de modo quase simbiótico, preparando e descrevendo cientificamente aqueles ossos como a primeira – e única – ave-terror conhecida na pré-história do Brasil. Estudioso e com uma dedicação exemplar, nestes últimos quarenta anos tornou-se um dos paleontólogos mais importantes do Brasil, sendo o responsável pelo conhecimento científico da maioria das aves pré-históricas que viveram em nossas terras, incluindo o *Paraphysornis*, cujo esqueleto é cobiçado por paleontólogos de todo o mundo.

Mas não parou por aí. Com as réplicas dos ossos da grande predadora, Herculano foi além da sua própria virtude. Na base da troca, adquiriu cópias de animais que viveram por todos os continentes ao longo da pré-história, e com eles construiu na cidade de Taubaté um elegante Museu de História Natural. Localizado sobre as rochas do antigo lago, aos pés da mesma montanha mesozoica que forneceu os sedimentos que preencheram o longo rifte, é hoje considerado um dos mais importantes e maravilhosos museus da vida pré-histórica no Brasil.

O MEGAPANTANAL SOLIMÕES

Poucos milhões de anos após os lagos do sul terem secado, mais próximo do nosso tempo, outro santuário nasceu e morreu, dessa vez ocupado por gigantes. A longa faixa que hoje se estende da Venezuela até o Uruguai e norte da Argentina já formava há alguns milhões de anos um grande corredor fechado a oeste pelos Andes e a leste pelos escudos Brasileiro e das Guianas. Essa região está hoje coberta pela floresta amazônica, desertos e campos, savanas e pradarias, mas nem sempre foi assim. O clima e a geologia modificaram diversas vezes os biomas nos últimos 50 Ma, em épocas quentes e úmidas, frias e secas, constantemente reescrevendo a história da vida na América do Sul. A floresta como a conhecemos hoje, com seus estimados 400 bilhões de árvores, é relativamente nova, e vem se reestruturando a partir de dois momentos recentes e radicais: o último pico glacial, terminado há 22 mil anos, quando as geleiras que cobriram até quase a metade dos continentes no hemisfério Norte começaram a recuar, e o fim da última glaciação, há 12 mil anos, quando o nível dos oceanos subiu cerca de 140 m até a posição atual. No entanto, entre 10 e 6 Ma atrás, perto do final do período Neógeno, em uma época chamada Mioceno, o grande corredor hoje ocupado por vários biomas estava afogado sob um descomunal megapantanal.

Enquanto a cordilheira crescia a oeste a uma velocidade vertiginosa, as terras ao leste afundavam recebendo parte da água que escorria pelas encostas da grande muralha, se acumulando em lagos e intermináveis pantanais. Barradas pelos escudos Brasileiro e das Guianas a leste e por uma elevação da crosta na região central da atual Amazônia, o chamado arco de Purus, aquelas águas escorriam pelo continente em direção ao norte, atravessando a atual Venezuela até o mar do Caribe, e para o sul, provavelmente despejando suas águas no oceano Atlântico pela atual região do rio da Prata.

Naquele paraíso afogado floresceu uma grande diversidade de plantas, além de muitos animais, a maioria já extinta. Restos fósseis de dezessete espécies diferentes de crocodilos – apenas oito vivem hoje em toda a América do Sul – foram encontrados nos sedimentos atualmente expostos pela ação erosiva do rio Purus, no estado do Acre. Um deles foi *Mourasuchus* , o crocodilo-baleia.

página 219

Considerando seu modo de vida, de acordo com os paleontólogos que estudaram seus ossos, é uma criatura que jamais imaginaríamos ter existido: um crocodilo filtrador de pequenos animais na água doce, no estilo das baleias de barba que se alimentam de *krill*. As mandíbulas delicadas e os numerosos dentes deram a dica sobre o hábito alimentar desse monstro com um corpanzil de 12 m de comprimento. Como as baleias, abriam a bocarra e, num sorvo pantagruélico, enchiam o imenso papo pelicânico com vários litros de água e quilos de pequenos invertebrados. Com a boca cheia, serravam os dentes, formando a peneira dental que retia a bicharada enquanto a água era expulsa do papo. A evolução sempre fez o que quis com os seres vivos.

O *Mourasuchus* não estava só no mundo dos crocodilos. Lá também viveu *Purusaurus* , um "pequeno" crocodilo que podia chegar a 14 m de comprimento. Maior e mais pesado que um *T. rex*, está na lista de candidatos ao topo na escala de voracidade, junto com os maiores carnívoros terrestres que já existiram em toda a pré-história.

página 220

CENÁRIO 8
página 173

O superpantanal – Das rochas que o sinuoso rio Purus hoje desfaz ao longo do seu curso, no estado do Acre, os paleontólogos do Laboratório de Paleontologia da Universidade Federal do Acre, em Rio Branco, descobriram outro éden pré-histórico brasileiro: o superpantanal Solimões. Entre as muitas maravilhas que por lá viveram estava o jacaré gigante *Purussaurus brasiliensis*. Dezenas de crânios seus já foram encontrados, o maior deles com 1,30 m, o que exige um corpo com pelo menos 14 m de comprimento. Nesta cena, 8 Ma atrás, um *Purussaurus* ataca outro gigante, *Phoberomys*, o maior roedor que já existiu. Dois jovens primatas do gênero *Stirtonia* correm assustados para a árvore mais próxima em busca de refúgio. O pelicaniforme *Anhinga* está entre as poucas aves fósseis encontradas naquelas rochas. Junto à cauda do *Purussaurus*, um peixe pulmonado, *Lepidosiren*, é arremessado para longe. *Lepdosiren* é encontrado ainda hoje em várias regiões do Brasil. A história da sua linhagem é ainda mais antiga, anterior à fragmentação do Gondwana, 120 Ma atrás. Após a fragmentação e o isolamento da Austrália, África e América do Sul, três espécies diferentes se desenvolveram em cada continente a partir de uma linhagem ancestral: *Neoceratodus forsteri*, *Protopterus aethiopicus* e *Lepidosiren paradoxa*, respectivamente. São provas vivas de um supercontinente ancestral que se desfez. Um panapaná do gênero *Phoebis* – para quem não sabe, panapaná é o coletivo de borboleta, e também nome de livraria infantil – salpica de amarelo a cena dantesca. Nesse ambiente se depositaram os sedimentos que deram origem às rochas da formação Solimões, bacia do Solimões, no período Neógeno, 8 Ma atrás, hoje expostas nos estados do Acre e Amazonas.

página 221

Mas um predador como esse precisava de presas à altura. Naquele pantanal continental também viveu *Phoberomys*, o maior roedor que já existiu. Com aparência de um híbrido entre paca e capivara de cauda longa, pertencia à família Dynomiidae, muito rica em espécies no passado. Hoje quase extinta, essa família é representada por apenas uma espécie, a pacarana, que ainda vive pela Amazônia – mostrando que a extinção do imenso pantanal praticamente levou consigo essa maravilhosa linhagem de roedores. Com até 700 kg, *Phoberomys* chegava ao tamanho de um touro. O espetáculo de um encontro entre presas e predadores gigantes nas praias desse pantanal tiraria o fôlego de recordistas mundiais de natação. Tartarugas, lagartos, anacondas, aves e uma infinidade de espécies de mamíferos também tiveram seus restos fossilizados nos sedimentos desse trecho surpreendente da nossa pré-história.

Um pacote de rochas com 1.000 m de espessura, a formação Solimões, foi depositado no tempo do megapantanal. Esqueletos de pouco mais de quarenta mamíferos já foram encontrados por lá, incluindo golfinhos, morcegos, roedores e toxodontes, além de muitas espécies de marsupiais, aves e crocodilos, todos praticamente extintos. As plantas é que sobreviveram. Dezenas de famílias e espécies identificadas por meio dos grãos de pólen vivem ainda na floresta amazônica. Foi um Brasil diferente, que geólogos e paleontólogos ainda buscam conhecer.

Processos semelhantes ligados ao soerguimento da cordilheira dos Andes, que provocavam o abatimento da imensa região no tempo do *Purusaurus*, rebaixam hoje a área do Pantanal Matogrossense, a maior região alagada do mundo, trinta vezes menor que o megapantanal do Mioceno.

Mudanças geológicas e climáticas afetaram o relevo e a vegetação da região nos últimos 5 Ma, extinguindo o megapantanal e, com ele, toda a fauna de gigantes. Logo se estabeleceu por lá a imensa bacia hidrográfica, e sobre ela a maior floresta tropical, que hoje guarda metade da área de florestas que restam pelo mundo – e boa parte dela (cerca de 60%) sobre as magníficas terras brasileiras. Que maravilhoso tesouro!

MAS POR QUE O HIMALAIA AJUDOU A ESFRIAR O MUNDO?

Desde que a Índia iniciou seu encontro com o continente asiático, teve início a constante elevação da imensa cordilheira do Himalaia, trazendo das profundezas da crosta rochas como granitos, gnaisses e calcários. É assim que a grande cordilheira continuamente expõe ao intemperismo e à erosão rochas ainda frescas, compostas por minerais com elementos solúveis, como cálcio e magnésio, entre outros. Mas fossem somente as montanhas e o cálcio, o mundo não seria tão frio assim.

Acontece que a Índia fica na Ásia, e continentes imensos como esse reforçam a intensidade das monções, os ventos que mudam de direção com as diferentes estações do ano. No inverno, o ar frio, mais pesado, desce sobre o interior asiático, empurrando os ventos em direção ao oceano Índico. No verão, ocorre o contrário. O ar quente se eleva, diminuindo a pressão no interior do continente, e por isso o ar é sugado da superfície do oceano Índico para dentro da Ásia. Quando os ventos carregados de umidade vindos do oceano passam pela Índia escalando as montanhas geladas, a umidade precipita-se em escandalosas chuvas torrenciais. Não é à toa que a Índia é hoje uma das regiões mais chuvosas do mundo.

Essas chuvas estão desmanchando aquelas montanhas de rocha fresca há pouco mais de 40 Ma, e seus efeitos alteram o clima de toda a Terra desde então. Veja como:

As águas das chuvas combinadas com o CO_2 na atmosfera produzem o ácido carbônico, que as torna levemente ácidas:

$$H_2O \text{ (chuvas)} + 2CO_2 \text{ (atmosfera)} \rightarrow 2HCO_3^- \text{ (ácido carbônico)}$$

O ácido carbônico ataca os minerais componentes das rochas, liberando cátions de cálcio (Ca^{+2}) e magnésio (Mg^{+2}), que são solúveis nas águas e vão parar nos rios:

$$CaCO_3 \text{ (rocha contendo cálcio)} + H_2CO_3 \text{ (ácido carbônico)} \rightarrow$$
$$Ca^{++} \text{ (rios)} + 2HCO_3^-$$

e

$$CaSiO_3 \text{ (mineral silicático)} + 2CO_2 \text{ (atmosfera)} + H_2O \rightarrow$$
$$Ca^{+2} \text{ (rios)} + 2HCO_3^- + SiO_2$$

Pelos rios, os cátions de cálcio chegam aos oceanos, e com o CO_2 na água serão usados pelos organismos na formação de suas carapaças de carbonato de cálcio ($CaCO_3$) ou precipitados como sedimentos carbonáticos ($CaCO_3$).

$$Ca(OH)_2 + CO_2 \rightarrow CaCO_3 \text{ (carbonato de cálcio)} + H_2O$$

Uma vez precipitado no fundo oceânico como sedimentos ou na carapaça de animais e protozoários, o CO_2 poderá ficar aprisionado por milhões de anos nos sedimentos que serão transformados em rocha, até que novas cadeias de montanhas os exponham novamente a esse mesmo ciclo. CO_2 aprisionado, efeito estufa inverso, e o mundo esfria. Assim resfriam o mundo: o soerguimento de montanhas, as monções, as chuvas, o Ca e o CO_2.

O soerguimento do Himalaia vem ocorrendo desde o início da grande colisão da Índia com a Ásia, há cerca de 40 Ma. À medida que o contínuo sequestro de CO_2 diminui o efeito estufa na atmosfera, a temperatura média na superfície terrestre diminui. Os gráficos mostram uma queda acentuada na temperatura por volta de 34 Ma atrás, ao mesmo tempo que o continente antártico é tomado por uma glaciação que o congela completamente até hoje.

DE VOLTA À ERA MESOZOICA

Se os dinossauros viveram no Brasil por toda a era Mesozoica, quer dizer que atravessaram os três períodos que a compõem: o Triássico, o Jurássico e o Cretáceo. Somados, reúnem 186 Ma! Foi tempo suficiente para que os sedimentos dos mares que cobriam essas terras, no tempo do impacto em Araguainha, desaparecessem sob as areias de um imenso deserto, sob espessas camadas de lava, sob rios entrelaçados, lagos e pequenos pantanais.

Por todo esse tempo, em todos esses ambientes pré-históricos, dinossauros nasceram, cresceram e morreram. Uma pequena fração disso tudo está hoje petrificada nas espessas camadas de rochas que se empilham em enormes depressões da crosta. Em quase todas essas rochas estão os esqueletos mais cobiçados do mundo. Porém, nem todo esse tempo ficou registrado. Como veremos ao tratarmos do Jurássico, algo muito curioso marcou a história dos dinossauros em nossas terras em meados da era Mesozoica.

O TRIÁSSICO

O período Triássico, que se estendeu de 252 a 201 Ma atrás, foi o tempo dos primeiros dinossauros, a abertura de uma nova era, o recomeço da vida após o grande trauma da terceira extinção em massa. No entanto, nesse intervalo, os dinossauros não foram reis tão majestosamente poderosos. Outros arcossauros carnívoros enormes e perigosos também queriam reinar.

Por pouco mais de 30 Ma, durante a primeira metade do Triássico, duas linhagens de arcossauros ⓘ – os rauisuquídeos e os aetossauros – assumiram a maior parte do espaço nos ecossistemas terrestres. Praticamente

ÁRVORE DOS ARCOSSAUROS

página 195

tudo o que conhecemos sobre a fauna deste tempo ficou preservado em rochas hoje aparentes no Rio Grande do Sul, a única janela que temos para olhar e tentar entender o que se passava com a fauna por aqui nesse intervalo da pré-história.

RAUISUQUÍDEOS E AETOSSAUROS

página 222

Sob o domínio do gigante *Prestosuchus*, outros arcossauros rauisuquídeos como *Barberenasuchus*, *Procerosuchus*, *Rauisuchus* e *Decuriasuchus* estavam entre os principais predadores nas futuras terras gaúchas. Tinham crânios enormes e altos, poderosas mandíbulas com dentes lateralmente comprimidos e comprimento de até 6 m. De tão robustos e poderosos, já tiveram seus esqueletos confundidos com os de dinossauros. Exceto pela Austrália e Antártica, restos desses monstros foram encontrados por todo o Pangea. Como os principais predadores do período, certamente devoravam protodinossauros silessaurídeos, bem como os mais antigos dinossauros que já estavam aparecendo pela América do Sul.

página 223

O espaço dos herbívoros era ocupado pelos encouraçados aetossauros, como *Hoplitosuchus*, *Aetosauroides*, *Aetobarbakinoides* e *Polesinesuchus*, a primeira linhagem de arcossauro que assumiu a vida vegetariana. O crânio pequeno com um esquisito bico desdentado em forma de pá era usado para cavar tubérculos e raízes dos quais se alimentavam. Fósseis de aetossauros são encontrados em muitos continentes, sendo muito provável que tenham habitado todo o Pangea.

Além do *kit* fisiológico, comportamental e anatômico herdado dos ancestrais arcossauros, rauissuquídeos e aetossauros assumiram de modo independente dos dinossauros a postura semiereta com as patas abaixo do corpo, o que deu a eles a capacidade de se mover de modo mais eficiente no solo.

E a vida evoluía também do outro lado do grande ramo dos tetrápodes, no grupo não reptiliano, o dos sinapsídeos – ao qual pertenciam nossos ancestrais quadrúpedes, que também deixaram aos milhões seus ossos fossilizados pelas terras gaúchas.

DE VOLTA À ERA MESOZOICA

TERAPSÍDEOS

Outra grande linhagem de tetrápodes amniotas andava por nossas terras nesse período: eram os terapsídeos ❶. Cerca de duas dúzias de espécies já foram retiradas das rochas do grupo Rosário do Sul, no grande cemitério pré-histórico gaúcho.

ÁRVORE DOS TERAPSÍDEOS
👁
página 196

Os terapsídeos evoluíram de ancestrais pelicossauros – aqueles famosos pela grande vela dorsal – no último período da era anterior, o Permiano, quando assumiram o domínio da fauna terrestre especialmente na pele de gorgonopsídeos como *Inostrancevia*. Encontrado na Rússia, foi um caçador equivalente em aparência a uma onça, mas com 4 m de comprimento, cabeça alongada (45 cm) e dentes caninos com o dobro do tamanho. Embora grandes, fortes e poderosos, os gorgonopsídeos não resistiram à grande extinção e desapareceram, provavelmente devido às mesmas razões que faziam deles temidos caçadores: o tamanho grande e a necessidade de muito alimento, por exemplo.

Outros bichos, não. Embora subjugados pelos arcossauros mais bem adaptados ao clima quente e seco do Pangea, duas linhagens de terapsídeos deixaram um rico e diversificado registro geológico por aqui: os dicinodontes e os cinodontes.

👁
página 224

Dinodontosaurus turpior ⓜ

Dentre os dicinodontes estava *Dinodontosaurus*, animal atarracado, armado nas laterais da cabeça com duas longas presas voltadas para baixo, provavelmente usadas para arrancar raízes e tubérculos do solo ou em brigas com predadores ou outros membros do grupo na disputa pela chefia da manada. Os *Dinodontosaurus* não deixaram apenas ossos fossilizados: eles são os prováveis autores dos coprólitos (excremento fossilizado) mais bonitos encontrados no Brasil. De quatro a cinco bolotas fecais, cada uma com o tamanho próximo de um ovo, unidas por constrições semelhantes às do excremento dos gatos, de alguma forma foram levadas até o ambiente de fossilização após ressecarem e se tornarem rígidas. Algumas delas mostram na superfície pegadas dos filhotes que provavelmente pastavam entre os adultos. Eles

85

compunham as grandes manadas que alimentavam os predadores triássicos, incluindo os ancestrais dos dinossauros, em um dos mais notáveis motores da evolução: a tensão entre presas e predadores. Embora tenham pertencido à grande linhagem de onde também brotaram os mamíferos, *Dinodontosaurus* foi um animal cuja aparência nos causa estranheza – experimentos antigos de anatomia que a evolução acabou por descartar.

Cinodontes

página 225

A outra linhagem dos terapsídeos, a dos cinodontes, inclui ao menos quinze espécies fósseis conhecidas em terras brasileiras. *Protheriodon, Luangwa, Traversodon, Santacruzodon, Massetognathus, Riograndia* e *Brasilodon* compõem parte da lista. Exceto pelas orelhas menores e pelo provável comportamento não tão irritante, os cinodontes triássicos brasileiros lembram, na forma geral do corpo, miniaturas de cãezinhos da raça Dachshund (salsichas). Corpo alongado e pernas curtas facilitavam a vida mais protegida no interior de tocas, especialmente em um mundo repleto de arcossauros predadores. De sangue quente, corpo revestido por pelos, dentes diferenciados, osso dentário na mandíbula muito desenvolvido e crânio expandido posteriormente, os cinodontes eram as espécies de transição das quais, poucos milhões de anos depois, surgiriam os primeiros mamíferos. Assim como os dicinodontes, esses protomamíferos ainda punham ovos. No entanto, os cinodontes certamente já possuíam glândulas que secretavam líquidos ricos em nutrientes para seus filhotes, o que possibilitou a diminuição do tamanho dos ovos e a consequente eclosão de filhotes em estágio altricial, como indivíduos completamente incapazes de cuidar de si próprios. O resultado, ao longo de milhões de anos, foi o desenvolvimento das glândulas mamárias, a retenção e o desenvolvimento do embrião ainda no abdome e, finalmente, a placenta nos mamíferos placentários.

Assim como os dinossauros, os terapsídeos viveram à sombra dos crurotársios (rauisuquídeos e aetossauros) durante 30 Ma, no início da era Mesozoica. No entanto, com a quarta extinção em massa, no final do período Triássico, exceto pelos crocodilos, os crurotársios desapareceram, e a fauna de terapsídeos tornou-se ecologicamente insignificante. Era a chance dos dinossauros.

Dinossauros

Os primeiros dinossauros eram semelhantes aos seus ancestrais: pequeninos e esguios bípedes comedores de insetos, vermes, pequenos vertebrados, ramos e tubérculos das plantas da época. Há 230 Ma, quase no centro do Pangea, em boa parte do que viriam a ser terras brasileiras, predominavam terrenos áridos, com a imensa África colada a leste, e as distantes praias do oceano Pantalassa – hoje o Pacífico – a oeste. No entanto, a região do Rio Grande do Sul era cortada por um sistema de rios que todos os anos transbordavam, inundando uma grande região. Naquele reduto de umidade crescia vegetação abundante, e para lá afluíam hordas de animais herbívoros esquisitos, como rincossauros e dicinodontes, minúsculos protomamíferos eucinodontes e, atrás destes, pequenos dinossauros e grandes predadores rauisuquídeos. Por lá, minúsculos dinossauros onívoros se aproveitavam dos restos dos grandes caçadores. Era o tempo dos prototerópodes, sauropodomorfos, saurísquios e pequenos ornitísquios basais, os primeiros experimentos de transição cujas ossadas hoje confundem os maiores paleontólogos brasileiros na decisão de incluí-los ou não na linhagem dos dinossauros. Como a película de um filme feito com milhares de fotografias, as feições anatômicas da linhagem variavam gradualmente com o tempo em uma mistura de novos ambientes, hábitos e aparências, dificultando a determinação do ponto limite entre a linhagem ancestral e uma nova linhagem.

página 226

O Triássico também terminou em grande cataclismo, mais uma vez em um combinado fatal: um vulcanismo gigantesco, evento que mais tarde desmontaria o Pangea, criando o oceano Atlântico Norte entre o Gondwana (América do Sul e África) e a Laurásia ocidental (América do Norte), e o impacto de um grande asteroide, cuja cratera de Manicouagan, com 85 km de diâmetro, ainda pode ser vista como um grande lago no estado de Quebec, no nordeste do Canadá. No entanto, os dinossauros resistiram – provavelmente porque ainda eram pequenos e pela grande disparidade que apresentavam – e rapidamente ocuparam os espaços deixados pela extinta fauna de terapsídeos, cinodontes, rincossauros e crurotársios. Teve início, definitivamente, o poderoso domínio dos dinossauros.

CENÁRIO 9
página 175

O mensageiro sideral – Há 214 Ma, um asteroide com cerca de 5 km de diâmetro, viajando pelo espaço a 28 mil km/h, tomou sua paleorrota sideral em direção à Terra. Atingindo um pequeno ponto das terras pangeicas no hemisfério Norte, abriu uma cratera tão ampla e profunda que ainda hoje é visível na forma de um grande lago circular que envolve uma ilha com 70 km de extensão na província de Quebec, região nordeste do Canadá. A energia dissipada pelo impacto, com suas óbvias e terríveis perturbações climáticas, foi uma das duas causas que dispararam a quarta e grande extinção em massa que destruiu boa parte da vida macroscópica no final do período Triássico. A outra, não menos catastrófica, veio da direção oposta: o interior da Terra. O supercontinente Pangea começava a chegar ao seu final após 100 Ma de existência. Sobre a sutura montanhosa resultante do encontro dos supercontinentes Gondwana e Laurásia, a mesma que o fez nascer no final do período Carbonífero, abriram-se os riftes que o partiriam, e com eles os vulcões e fissuras que expeliram magma, ainda hoje preservado como basaltos em regiões próximas ao litoral brasileiro, africano e norte-americano, na enorme Província Magmática do Atlântico Central. Nessa mesma faixa, alguns milhões de anos mais tarde, ao mesmo tempo que Pangea se rompia, nasciam as primeiras margens do oceano Atlântico. As imensas quantidades de dióxido de carbono (CO_2), dióxido de enxofre (SO_2) e aerossóis expelidos em decorrência do extenso vulcanismo acidificaram as águas oceânicas, extraindo ainda mais CO_2 das rochas carbonáticas no fundo marinho, arruinando a fauna e flora já debilitada pelo impacto 14 Ma antes. Embora os dinossauros já habitassem o mundo havia 30 Ma, foi nesse tempo que seus principais adversários desapareceram, abrindo o espaço ecológico que precisavam para se tornarem a fauna terrestre dominante pelos 140 Ma seguintes.

Em suma, os dinossauros se apoderaram do Pangea a partir do final do período Triássico porque, além da grande disparidade morfológica que a linhagem conquistou logo no início da sua existência e do poderoso *kit* dos arcossauros, também se beneficiaram dos espaços deixados por outros grupos após três sucessivos eventos de crise biológica. Primeiramente, vinte milhões de anos antes dos primeiros dinossauros existirem, a terceira e mais severa das extinções em massa arrasou com a linhagem de grandes terapsídeos gorgonopsídeos. Foi a partir deste momento que protodinossauros dinossauromorfos e dinossauriformes silessaurídeos deram início à elaborada e inovadora arquitetura corporal que proporcionou o aparecimento dos primeiros dinossauros. Pequeninos, com longas pernas posicionadas sob o corpo – a postura ereta, tecnicamente chamada parassagital –, apoiadas apenas sobre os dedos, se espalharam pelo mundo comendo de tudo como animais omnívoros. Em seguida, em meados do período Triássico, transformações ocorridas no clima deixaram o interior das terras pangeicas ainda mais secas, levando à extinção toda a linhagem dos rincossauros, bem como a maioria dos dicinodontes, possibilitando que dinossauros sauropodomorfos herbívoros aumentassem de tamanho e ocupassem os espaços por eles deixados. Finalmente, a quarta e poderosa extinção que encerrou o período Triássico, apagou do Pangea quase a totalidade dos principais adversários dos dinossauros, os arcossauros crurotársios. Destes restou apenas a linhagem dos crocodilos que, bem mais tarde, deram trabalho para os dinossauros em nossas terras cretáceas.

O período seguinte, possivelmente o mais famoso de todos os períodos geológicos, surpreende a todos os brasileiros quando examinado de perto. Não pelo que ficou fossilizado em suas rochas – pelo contrário, porque rochas desse tempo praticamente não se preservaram por aqui.

O JURÁSSICO

E começa o período Jurássico, intervalo que se estendeu por 56 milhões de anos, entre 201 e 145 Ma atrás – tempo do qual mais ouvimos falar, mas um tanto decepcionante para nós brasileiros. Desse imenso período, um único tetrápode fóssil é conhecido de rochas brasileiras: *Batrachomimus pastosbonensis*, um dos mais antigos representantes dos jacarés e crocodilos modernos. E só.

Os dinossauros já infestavam o mundo, e óbvio, as futuras terras brasileiras. No entanto, nenhum osso de dinossauro desse período foi encontrado em rochas por aqui. Muito estranho. Na verdade, uma decepção total. Será que houve uma debandada geral do tipo "companheiros, começou o Jurássico, vamos embora daqui!"? Claro que não.

O que acontecia nesse tempo em terras brasileiras?

A Terra já se recuperava dos efeitos da tragédia global ocorrida no final do Triássico. Os dinossauros nasciam, cresciam, ficavam enormes, aprendiam a saltar, voar, dar piruetas e morriam, deixando incontáveis esqueletos por aí. No entanto, nem um único osso, um dente sequer, a casca de um ovo, coisa nenhuma de dinossauro e de quase nada ficou guardado para nos contar a pré-história destas terras tupiniquins. Sinistro, mas aconteceu.

LIVROS ROCHOSOS

A Terra nem sempre está produzindo rochas, embalando ossos e empilhando páginas geológicas nas quais a pré-história é lentamente escrita. Não. Ela pode fazer o contrário. Em vez de produzir, destrói, desembala ossos, desfaz as camadas do espesso livro rochoso, triturando tudo, transfor-

CENÁRIO 10
página 177

Páginas não registradas – No período Jurássico, a grande placa continental sul-americana estava sendo elevada pelas forças termais das rochas do manto quilômetros abaixo da superfície. Em vez de imensas depressões onde sedimentos poderiam ser acumulados, a grande região era soerguida e exposta à erosão. O resultado é que, por todo nosso território, são raros os depósitos de idade jurássica – e, portanto, quase nada ficou preservado por aqui no que diz respeito à vida pré-histórica. A vida certamente estava presente, mas não havia como armazenar seus vestígios. Ainda assim, examinando sedimentos preservados em países vizinhos, somados às nossas escassas evidências e a registros imediatamente anteriores (de idade triássica) e posteriores (de idade cretácea), sabemos que grande aridez já prevalecia no tempo Jurássico de nossas terras. Nesta cena, 150 Ma atrás, estão representados animais cujos fósseis não conhecemos, e que provavelmente jamais encontraremos, mas cujos proprietários podem ter andado por aqui no final do período Jurássico. Diferente dos pterossauros mais modernos encontrados no Brasil em rochas do período seguinte, alguns pterossauros jurássicos possuíam a longa cauda herdada de seus ancestrais, os quais, antes que pudessem voar, usavam-nas para equilíbrio no deslocamento no chão ou nos galhos das árvores. Pterossauros ranforrinquídeos como estes, cujos fósseis são comuns no mundo, podem ter vivido por aqui. O esqueleto de um diplodocídeo aparentado ao argentino *Amargasaurus*, uma linhagem dentre os saurópodes cujos esqueletos são muito raros no Brasil, será em breve recoberto por uma duna. No entanto, mais alguns milhares de anos e a erosão o destruirá completamente.

mando em pó, espalhando tudo outra vez. É o intemperismo e a erosão em ação, velhos processadores de rochas e fósseis, o lado ruim da coisa boa.

Assim, são raríssimas as rochas jurássicas no Brasil – um basalto aqui, outro ali, e há poucas rochas sedimentares, onde os fósseis geralmente são encontrados. Leia mais um comentário do meu amigo, escrito no seu jargão de experiente geólogo, em resposta a outro e-mail que enviei a ele. Se você não é do ramo, não lhe fará muito sentido, mas repare como é bonito o idioma falado pelos geólogos:

> *Anelli: as únicas unidades jurássicas no Brasil são os diabásios Apoteri e Penatecaua, o basalto Mosquito e as unidades sedimentares Sambaíba, Botucatu, Brejo Santo (de onde vem o tronco petrificado da entrada do meu apê), Lavras da Mangabeira, Brotas, Bananeiras, Corda e Pastos Bons.*

... ou seja, quase nada.

Nesse tempo, boa parte das terras brasileiras estava em ascensão, em soerguimento (o contrário da subsidência). Em vez de afundar, produzindo as bacias, a crosta se elevava devido à expansão das rochas em uma pluma de calor estacionada quilômetros abaixo da superfície. Eram as forças que mais tarde arrebentariam o Gondwana. Assim, havia poucas regiões rebaixadas onde sedimentos pudessem se acumular com ossos de dinossauros, de outros bichos, de outras plantas. O resultado geológico e paleontológico é como se o período Jurássico não tivesse acontecido no Brasil. Mas não foi isso. Foi somente o tempo que não pôde ser registrado.

Quando tais regiões da crosta voltaram a afundar (bem mais tarde, no período Cretáceo), os sedimentos se depositaram diretamente sobre as rochas do Triássico, deixando ali uma grande discordância, um hiato, uma lacuna temporal. O que aconteceu foi que não houve acúmulo de sedimentos como nos outros períodos, e embora estivessem em constante formação, simplesmente não se depositavam por aqui porque não havia depressões que pudessem recebê-los.

Os dinossauros caçavam, acasalavam, criavam seus filhotes e morriam. Seus esqueletos, deixados por aí aos milhões, eram destruídos pela exposição ao intemperismo, pelo transporte em grandes enxurradas, por outros animais, pelos fungos, liquens e plantas que se nutriam do cálcio e do fosfato dos seus ossos. A pré-história acontecia, mas não era escrita. A Terra não estava preguiçosa, estava fazendo outras coisas geológicas. Os rios e o vento levavam os sedimentos para outro lugar, provavelmente para a região da atual Argentina, onde havia regiões rebaixadas, onde rochas Jurássicas depositadas em mares e ambientes continentais com restos de dinossauros são hoje mais comuns. O tempo passava, os bichos se multiplicavam, mas não havia muitos lugares onde a pré-história pudesse ser arquivada em grande volume. A Terra nunca foi como a Lua, sem movimentos, sem erosão. Sempre esteve ativa, acumulando ou destruindo rochas. Embora esteja se devorando, apagando sua própria história, são estas atividades que mantêm a chama da vida acesa por aqui.

E a pluma de calor inchava as rochas no manto, esticando e afinando a crosta. Se por um lado a pré-história não era guardada aos montes, esse evento deu início a outra etapa de um novo mundo, um novo começo para os continentes e oceanos, para os animais e plantas. Era o início do fim do Pangea. Nesse tempo, começaram as fraturas que dividiriam o supercontinente em dois e repartiriam também a vida, abrindo as cortinas de um novo período, o Cretáceo.

MUNDOS DINOSSÁURICOS

Estudando as poucas páginas jurássicas brasileiras e de outros países vizinhos, como a Argentina, aprendemos que algo muito importante aconteceu por estas terras no Jurássico. Os fatos foram registrados nas redondezas, de modo que os vemos como se contemplássemos a imagem em um espelho distante e, com as devidas precauções e os modestos vestígios que temos, podemos reproduzi-los por aqui. Por exemplo, sabemos que o imenso continente de arrepiar escamas, o Pangea, se despedaçou em duas porções durante o Jurássico. Isso interferiu nos padrões de correntes marinhas, nos ventos, no clima e na distribuição da fauna e da flora pelo mundo. Uma massa viajou para o norte (a Laurásia), e outra, para o sul (o Gondwana). Novos continentes e oceanos estavam nascendo, e a fauna e flora sobre eles também se dividiriam em novas linhagens 🛈.

Toda a vida sobre essas balsas continentais também se despedaçou. As populações que ocupavam grandes regiões próximas das amplas fraturas que partiam a crosta ficaram isoladas deste ou daquele lado, nesta ou naquela margem dos novos continentes. Após alguns milhões de anos, não podiam mais se encontrar por causa do relevo, lagos e mares intransponíveis entre eles. As populações de dinossauros, de outros bichos e das plantas se partiram eternamente e a evolução seguiu caminhos diferentes com cada uma.

PALEOGEOGRAFIA
👁
página 197

Daí em diante, o intercâmbio de espécies só se dava pela água, nadando ou boiando, ou pelo ar, voando. Como os dinossauros não se aventuravam muito nas águas e tinham aprendido a voar havia pouco tempo, dois mundos dinossáuricos surgiram: um ao norte, na Laurásia, outro ao sul, no Gondwana. Para os que não sabiam voar, foi para sempre, nunca mais se viram. Quando os oceanos cresceram, parte dos dinossauros voadores

– as aves – e dos pterossauros, dos quais ainda trataremos, também perdeu o contato entre os dois megacontinentes. No entanto, enquanto as populações eram fragmentadas, a diversidade se multiplicava. Em terras e climas distintos, as linhagens tiveram novas e diferentes ideias evolutivas para resolver a vida.

página 227

Devido a isso, muitos dinossauros fósseis hoje encontrados na América do Norte, Europa e Ásia – a antiga Laurásia – são diferentes dos descobertos na América do Sul, África, Austrália, Índia e Antártica – o antigo Gondwana. Por exemplo, enquanto grandes predadores tiranossaurídeos como *Tyrannosaurus*, *Albertosaurus*, *Gorgosaurus* e *Tarbosaurus* apavoravam terras ao norte, abelissaurídeos como *Pycnonemosaurus* e espinossaurídeos como *Irritator* e *Oxalaia* arrepiavam nas futuras terras brasileiras e sul-americanas. Dentre os herbívoros, dinossauros ceratopsídeos com grandes franjas e chifres, como *Triceratops*, *Styracosaurus* e *Centrosaurus*, que evoluíram na Laurásia, jamais pisaram nossas terras, enquanto titanossaurídeos como os gigantes *Argentinosaurus*, *Gondwanatitan* e *Tapuiasaurus*, nunca viveram na América do Norte.

O constante rearranjo dos continentes sempre impulsionou a evolução, multiplicando as espécies, incentivando a diversidade da vida. Não fosse a tectônica de placas em constante atividade, o mundo talvez ainda estivesse colonizado, quem sabe, sendo bastante otimista, por uma grande variedade de vermes esquisitos. Era a geologia dando forma à Terra e à vida.

Embora nesse caso a vida tenha se diversificado devido à fragmentação dos continentes, ela também se reorganizou devido a constantes conexões continentais que se formavam pelo movimento das placas tectônicas. O complexo labirinto da geologia e da vida cresceu verticalmente em andares e salões conectados por geografias e tempos distintos, resultando no quase sempre complicado padrão de distribuição dos animais e plantas no registro geológico. É formidável podermos observar o passado para tentar compreender por que a vida está distribuída da forma como a vemos hoje. Por que os elefantes e cavalos sul-americanos desapareceram? Por que os marsupiais predominam na fauna australiana? Como os primatas, roedores, felinos e canídeos chegaram até nossas terras?

ILHAS E PONTES

A vida constantemente se dividiu e novas linhagens sempre brotaram, e isso não aconteceu somente com os dinossauros. A fauna atual da Antártica, da Austrália e do Brasil também evoluiu em um mundo dinâmico e tem suas histórias de isolamento, união e diversificação de linhagens.

A América do Sul nasceu na parte média do período Cretáceo, há cerca de 120 Ma, separando-se da África e da Antártica. No entanto, linhas de ilhas ainda possibilitavam o tráfego de animais à Antártica, e de lá para a Austrália. Foi por esses caminhos que durante a era Cenozoica, 50 Ma atrás, uma população de pequenos marsupiais sul-americanos cruzou a Antártica e chegou às terras australianas, colonizando para sempre aquele grande território marsupial.

Com o movimento das placas tectônicas, as passagens pelas pequenas ilhas se desfizeram, deixando, por fim, os três continentes completamente isolados entre 45 e 35 Ma atrás.

A ANTÁRTICA

Como vimos, a Antártica começou a congelar 34 Ma atrás. Atualmente, 98% do seu território, que é quase duas vezes o tamanho do Brasil, está sob uma camada de gelo que no centro do continente chega a pouco de mais de 4 km de espessura (com um volume que armazena quase 60% da água doce do mundo: 27 milhões de km^3). O peso do gelo é tanto que boa parte do continente está abaixo do nível do mar. Obviamente, o crescimento da cobertura de gelo gradativamente baniu de lá florestas e muitos animais. A primeira coisa que chama nossa atenção quando pisamos naquele continente maravilhoso é o fato de não vermos uma única árvore, nem mesmo um arbusto, nas poucas áreas onde a terra não está sob uma espessa camada de gelo. Da rica fauna de dinossauros e mamíferos que lá viveu antes de 34 Ma atrás, sobraram apenas os fósseis – como os do *Cryolophosaurus*, um dinossauro carnívoro com uma crista não vista em nenhum outro predador. Ele chegou à Antártica durante o Jurássico, no tempo do Pangea, e embora seu nome signifique algo como "lagarto congelado de crista", naquele tempo não havia a calota de gelo. Seu esqueleto é que estava congelado nas rochas.

Nas poucas terras aparentes das praias e montanhas transantárticas, e muito raramente sobre o gelo, a diversidade da vida terrestre, ainda que fascinante, é encontrada de modo bastante acanhado. Além de bactérias, arqueas, fungos, musgos e liquens, entre as plantas superiores, vivem hoje naquele frigorífico global apenas dois tipos de angiospermas: *Deschampsia antarctica*, uma gramínea minúscula de folhas longas e afiladas que lhe renderam o nome popular de "cabeleira antártica", e uma dicotiledônea, *Colobanthus quitensis*. Ambas são capazes de abrir pequenas flores amarelas durante o verão e de produzir pequeninos frutos. Nem as coníferas, resistentes ao frio do Alasca e norte da Europa, sobreviveram ao vento frio antártico. Dentre os animais invertebrados completamente terrestres que passam a vida toda na Antártica estão os tardígrados, ácaros, nematoides e o maior de todos, uma curiosa mosca sem asas, *Belgica antartica*, com colossais 12 mm de comprimento. E só. Anfíbios, tartarugas, lagartos, cobras e crocodilos, nem pensar.

Representa os mamíferos a fauna típica polar de elefantes, focas e lobos marinhos, cinco espécies no total, mas que deixam a Antártica para ilhas e continentes próximos durante o inverno. São residentes temporários. Nem hibernar é possível naquele inferno – ou paraíso? – gelado. O frio e o gelo praticamente baniram a vida animal terrestre da Antártica. Pense bem, um continente com 14 milhões de km^2 - quase duas vezes o território brasileiro - com uma fauna e flora terrestre cujo número de espécies é menor que a encontrada em um pequeno zoológico.

Como não poderia deixar de ser, a fauna terrestre mais diversificada é mesmo a de dinossauros. São sete espécies de pinguins e mais 38 espécies de albatrozes, petréis e cormorões. E mais: os dinossauros são os únicos com representantes que residem o ano todo por lá. A pomba antártica (*Chionis albae*), o pinguim-adélia (*Pygoscelis adeliae*) e o pinguim-imperador (*Aptenodytes forsteri*) permanecem dentro dos limites do cinturão de gelo mesmo durante o longo inverno antártico. Tinham que ser dinossauros.

A Antártica está hoje fisicamente isolada por correntes oceânicas, mas o frio a isolou ainda mais. A fauna de dinossauros que lá evoluiu, composta sobretudo por pinguins, mais uma vez nos mostra como o isolamento, seja ele de qualquer natureza, normalmente resulta na diversidade da vida.

A AUSTRÁLIA

A grande ilha australiana ainda hoje é o paraíso dos marsupiais. Daquele pequeno gambá imigrante sul-americano evoluiu toda a fauna marsupial australiana extinta e atual, desde a toupeira até o diabo-da-tasmânia, passando pelo canguru e o coala, em um total de 140 espécies ainda vivas. Exceto pelos mamíferos voadores ou capazes de nadar, nenhum animal com placenta atravessou a antártica com aqueles marsupiais. Como a Austrália permaneceu isolada, exceto pelo homem e pela fauna por ele introduzida – verdadeiras pragas, como coelhos, ratos e cães, que ainda hoje oprimem a fauna nativa –, a linhagem de marsupiais é a mesma há dezenas de milhões de anos. Assim, a fauna da Austrália tem muito a ver com seu profundo passado marsupial. Já a fauna da América do Sul...

A AMÉRICA DO SUL

Assim como a Antártica e Austrália, a América do Sul esteve isolada dos continentes ao norte desde a parte final do período Cretáceo – e, consequentemente, da influência das faunas terrestres evoluídas em outras regiões. Sutis ligações com os continentes ao sul permitiam algum trânsito de marsupiais para lá e para cá. Com o progresso do movimento dos continentes e o congelamento antártico, essas conexões se desfizeram completamente entre 45 Ma e 34 Ma atrás, impossibilitando o movimento dos animais por vias terrestres. Era a consumação de um famoso evento pré-histórico que ficou conhecido como o Esplêndido Isolamento.

Mas, diferente da Austrália, não foram somente os marsupiais que a ocuparam. Nestas terras sul-americanas havia sementes mesozoicas de outras linhagens que aqui cresceram e se diversificaram. Com marsupiais conviveram liptoternos como o *Xenorhinotherium*, notoungulados como o *Toxodon* e xenartros como as preguiças e tatus gigantes, além de aves predadoras como o *Paraphysornis*. Isolados na vastidão sul-americana, ficaram à mercê da evolução, que seguiu caminhos surpreendentes. Parte dela, os xenartros – uma linhagem bem antiga de mamíferos – deu origem a uma fauna de gigantes. Seus ossos são encontrados ainda hoje por todo o Brasil.

página 228
página 229
página 218

Enquanto eu escrevia este livro, meu amigo e colega de profissão Marcelo Fernandes, paleontólogo da Universidade Federal de São Carlos, me apresentou o esqueleto completo de um *Pampatherium*, um maravilhoso tatu com cerca de dois metros de comprimento que viveu em praticamente todo o Brasil até alguns milhares de anos atrás. Seu esqueleto foi encontrado parcialmente recoberto por sedimento no fundo de uma caverna na Chapada Diamantina (BA), como se tivesse morrido há alguns meses. São os restos da pré-história brasileira que nos dão testemunho de que até mesmo os ecossistemas são passageiros – e que, com eles, foram-se também muitas espécies de plantas e animais.

O modo de vida dos animais da tão falada megafauna sul-americana é ainda tão pouco conhecida que apenas recentemente paleontólogos brasileiros da Universidade Estadual Paulista, em São Vicente (SP), passaram a interpretar como paleotocas as grandes cavidades encontradas em falésias e costões no litoral sul e sudeste do Brasil. Com até 50 m de comprimento e largura de um pequeno automóvel, foram escavadas como abrigo por enormes preguiças, *Eremotherium*, que chegavam a 5 m de comprimento, e por tatus gigantes, *Hoplophorus*, com cerca de 1 m de altura.

Mas como acabou sua história? Os representantes dessa fauna desapareceram quase completamente. O que será que houve?

A ponte

Diferente da ilha australiana, a coisa mudou muito por aqui. Após dezenas de milhões de anos de isolamento, a América do Sul ganhou uma nova ponte, agora na extremidade de cima, que a conectou à América do Norte: o istmo do Panamá, na América Central. Tal ponte restabeleceu o trânsito terrestre com os continentes ao norte, interrompido havia 150 Ma, desde que o nascimento do oceano Atlântico Norte dividiu o Pangea.

Cinco placas tectônicas se encontram ali, concentrando grande atividade geológica. Para se ter uma ideia, no curto arco vulcânico daquela região, que mede cerca de 1.500 km de comprimento, existem hoje por volta de trinta vulcões considerados ativos.

CENÁRIO 11
página 179

Terra de gigantes – Próximo do final do período Neógeno, 4 Ma atrás, devido à temperatura média global cerca de 3°C mais alta, o nível dos oceanos estava 25 m acima do atual e erodia os arenitos da formação Botucatu em imponentes esculturas geológicas. A fauna que habitava todo o território brasileiro era quase inteiramente distinta. A formação do istmo do Panamá, que ligou a grande ilha sul-americana à América do Norte, ainda não havia se formado, permitindo que as espécies invasoras que atualmente predominam em nossos ecossistemas adentrassem a América do Sul. Assim, nesse tempo, a América do Sul era ainda uma terra virgem, com fauna própria, não globalizada como hoje. Esta imagem mostra uma pequena fração de animais genuinamente sul-americanos da época, exceto golfinhos e aves, para os quais não existiam grandes barreiras. Do interior da grande toca escavada no arenito pela preguiça gigante *Eremotherium laurillardi*, vista à direita, dois gliptodontes *Hoplophorus* parecem se estranhar na praia, provavelmente em disputa pelo território. No fundo, próxima do costão de arenito, uma pequena manada dos liptoternos *Xenorhinotherium bahiensis* ◨ aguarda a maré baixa para chegar ao outro lado. Um filhote de preguiça curioso trouxe uma concha de *Charonia* para o interior da toca, um grande molusco gastrópode que, diferente dos gigantes na praia, não foi extinto, e são vistos ainda nas praias cálidas do nordeste do Brasil. Com o clima mais quente da época, esse molusco alcançava as praias mais ao sul, como esta representada na cena, onde hoje estão extintos. Fósseis ou material ainda não fossilizado desses mamíferos gigantes são encontrados em quase todo o Brasil, especialmente em cavernas da Bahia, do Mato Grosso, Mato Grosso do Sul, de Minas Gerais, do Paraná e de São Paulo. Tocas impressionantes com 4 m de largura e 2 m de altura, formando rede de túneis que somam 200 m, são mais comumente encontradas no litoral dos estados de Santa Catarina e Rio Grande do Sul. Era o final do período Neógeno, 4 Ma atrás.

página 228

Uma recente reativação daquela região entulhou com vulcões e sedimentos o antigo estreito marinho que mantinha as Américas separadas, resultando em uma passagem terrestre que permitiu que animais migrassem de um continente ao outro, em um famoso evento que ganhou nome de Grande Intercâmbio Americano. Foi há 5 Ma. Faunas separadas há dezenas de milhões de anos – uma confinada à América do Sul, outra no resto do mundo, com exceção da Austrália e Antártica – se misturaram. Preguiças e tatus gigantes, toxodontes e gambás, viajaram para o norte. Para a América do Sul veio de tudo: chegaram elefantes (infelizmente já extintos aqui), camelídeos como as lhamas e guanacos, ursos – confinados atualmente ao clima frio da parte norte dos Andes, que vai da Bolívia à Venezuela –, porcos, cervos, esquilos, coelhos, canídeos, cavalos e vários felinos, incluindo o tigre-de-dente-de-sabre ◨. Um enxame de predadores também adentrou a grande ilha, devorando parte da fauna nativa. A fauna sul-americana foi praticamente dizimada. Aconteceu com ela o que hoje

página 231

está acontecendo com os marsupiais australianos, devido aos cães, gatos, roedores e toda sorte de pragas predadoras placentadas lá introduzidas pelo homem.

O fim da última era glacial, há 12 mil anos, provocou mudanças radicais na vegetação e quase tudo o que havia restado na América do Sul foi para o ralo da extinção. Os gigantes desapareceram há tão pouco tempo que muitos dos seus ossos ainda não se fossilizaram e são frequentemente encontrados expostos no interior de cavernas por todo o Brasil. Do tempo do isolamento, restaram dos tetrápodes terrestres da fauna nativa somente gambás, tamanduás, tatus-bola, preguiças, emas, seriemas e outras modestas lembranças do passado sul-americano.

Os macacos e roedores chegaram aqui há cerca de 40 Ma, vindos da África, provavelmente por caminhos oceânicos entre ilhas em balsas de vegetação. Para morcegos e jacarés não havia barreiras, e por isso estão por aqui há dezenas de milhões de anos. Dessa forma, a grande maioria dos mamíferos que vemos atualmente na América do Sul, incluindo os felinos, lobos e raposas, esquilos, antas, quatis, camelídeos como lhamas e guanacos, coelhos, cervos, ursos, porcos-do-mato etc. são, na verdade, descendentes da fauna invasora norte-americana, que evoluem por aqui há apenas 5 Ma.

Com as aves foi diferente. A América do Sul é atualmente o paraíso das aves, e para quem voa as barreiras sempre foram poucas. Não existe um pedaço deste continente onde um dinossauro emplumado não possa ser avistado e onde seus cantos não possam ser ouvidos. É o Brasil dos dinossauros.

O CRETÁCEO

Chegou o Cretáceo. Em todo o mundo, esse foi um tempo glorioso para os dinossauros, e também para as futuras terras brasileiras. Estavam por toda parte, de um extremo a outro: da atual nascente do rio Moa, no Acre, à Ponta Seixas, na Paraíba; do monte Caburaí, em Roraima, ao arroio Chuí, no Rio Grande do Sul. Não havia um pedaço de terra sem uma pegada, excrementos e enigmáticos esqueletos. Mas, como vimos, a Terra não embala tudo. Seus restos foram guardados somente em regiões especiais, onde o chão tremia e afundava.

Veja no mapa se a região onde você mora fica sobre uma bacia sedimentar brasileira com rochas do período Cretáceo (ou da era Mesozoica). Se sim, pode haver um cemitério de dinossauro sob o chão da sua casa, ou então em algum barranco pelas redondezas.

BACIAS SEDIMENTARES DO BRASIL
👁
página 198

MISTÉRIOS NO DESERTO

Durante o final do período Jurássico e início do Cretáceo, havia um imenso deserto instalado em boa parte das terras mais ao sul do Brasil, herança do Pangea. De fato, desde que os mares continentais haviam evaporado, fechando a era anterior, uma série de desertos se sucederam sobre as futuras terras brasileiras. Um deles atravessou o tempo Jurássico ainda sobre o Gondwana, ocupando cerca de um quinto do Brasil. Foi nossa versão do deserto do Saara, porém menor: o deserto Botucatu. Evidências de outros desertos da mesma idade existem em várias outras regiões do Brasil e da América do Sul, e, por isso, há quem acredite que um suntuoso megadeserto cobria tudo por aqui, em uma área ainda maior que a ocupada hoje pelo Saara.

O período Cretáceo se abriu com dinossauros por toda parte, incluindo o ardente deserto. As areias que se acumularam em dunas grandiosas são hoje belas rochas de nome perfeitamente escolhido, uma combinação de "areia" com "bonito" – arenito –, *ito*, de fato, é o sufixo de origem latina para rocha, como em meteorito. Nesses arenitos aparentes pelas regiões Sul, Sudeste e Centro-Oeste do Brasil, é possível identificar as camadas com a inclinação que tinham no tempo em que as dunas se acumularam e, com uma bússola, geólogos brasileiros foram capazes de nos dizer o sentido e a direção dos ventos que sopravam por aqui há 135 Ma. Sob um vento impiedoso, muitos animais atravessaram aquelas areias.

Das milhões de pegadas que foram lá deixadas, milhares já foram encontradas nos arenitos, indicando que uma rica fauna de pequenos e grandes animais circulou naquela região. Dentre esses vestígios, tecnicamente chamados de icnofósseis, além das pegadas de dinossauros, são conhecidas quatro ou cinco marcas esquisitas que os paleontólogos interpretaram como "sinais de extrusão líquida" – o popular xixi –, únicas no mundo atribuídas a dinossauros. Outros icnofósseis encontrados incluem marcas de vermes, escorpiões e até pequenos anéis deixados pelo impacto das gotas de chuva que raramente caíam na região. A água era escassa naquele deserto seco localizado no interior de um megacontinente – o Gondwana, praticamente do mesmo tamanho da Laurásia, no hemisfério Norte –, e a retenção de líquidos deveria ser o primeiro item na constituição dos dinossauros. Com os camelos é assim: seus rins e intestinos são tão eficientes na reabsorção de água que sua urina é expelida como uma calda grossa e suas fezes saem já secas, a ponto de poderem ser imediatamente queimadas para aquecer o chá dos beduínos. É difícil acreditar que os dinossauros despejassem seus líquidos naquelas areias. No entanto, alguma coisa pouco menos científica, pouco mais fisiológica, nos deixa convictos de que os paleontólogos estão certos. Os urólitos – xixi de pedra – encontrados nas rochas do deserto Botucatu têm uma espantosa semelhança com as marcas que deixávamos ao fazer xixi nos montes de areia das casas em construção quando éramos crianças. Além disso, quando diante dos urólitos, apenas por garantia, nossos olhos se movem em busca do toalete mais próximo. Pelas suas dimensões, 40 x 30 cm, não há como não atribuí-las a um dinossauro de tamanho médio.

Mas e os ossos?

Tão inacreditável como inexplicável é o fato de que nesses arenitos jamais foi encontrado um osso, uma escama ou um dente. Rochas de antigos desertos contendo fósseis ou pegadas de dinossauros são raras no mundo, mas existem. Um exemplo radical são as rochas da formação Djadochta do Cretáceo da Mongólia, onde dinossauros viveram 75 Ma atrás. Além de restos de lagartos, crocodilos e mamíferos, esqueletos de ao menos dezoito dinossauros já foram encontrados por lá, animais que morreram e foram preservados diretamente sob dunas arenosas. E não apenas isso. Paleontólogos já encontraram fossilizados restos tão maravilhosos quanto macabros do mais comum dentre todos os dinossauros lá descobertos, *Protoceratops*: uma série de esqueletos desses dinossauros em praticamente todos os estágios de desenvolvimento, de embriões ainda no interior dos ovos, jovens recém-nascidos, adolescentes, até adultos machos e fêmeas. Mas naqueles arenitos da Mongólia um fóssil ainda mais espetacular foi encontrado em 1971, quando paleontólogos poloneses e mongóis desenterraram esqueletos que estão ainda hoje entre as maiores descobertas da paleontologia dos dinossauros: um *Protoceratops* em luta atracado a um *Velociraptor*. A postura e expressão petrificada nos esqueletos claramente sugerem que lutaram até pouco tempo "após a morte", e com as almas ainda em disputa, parecem ter experimentado a fossilização instantânea. A briga deve ter acontecido por alguns minutos até que a confusão provocou uma avalanche de areia pela encosta de uma duna, que acabou por sepultá-los. Sinistro.

Em outro caso trágico, pouco mais tétrico, naqueles mesmos arenitos, um esqueleto de *Oviraptor* aparece encolhido sobre doze ovos milimetricamente organizados em disposição radial. Ele protegia sua próxima ninhada da tempestade de areia que o matou, e a seus doze filhotes, que logo eclodiriam para a vida no deserto. Foi novamente uma avalanche de areia, desta vez provocada por uma tormenta. É outro exemplo clássico de que boa parte dos registros guardados nas rochas refletem mudanças radicais no cotidiano, como quando grandes volumes de sedimentos eram remobilizados por um súbito aumento de energia no ambiente.

E os ossos dos dinossauros que viveram no deserto Botucatu, onde foram parar?

Temos mais esse mistério em rochas brasileiras. Se milhares de pegadas puderam ser preservadas naquelas areias, por que não encontramos um único fragmento, ou mesmo os moldes de ossos que se dissolveram nas soluções ácidas que penetravam nas rochas milhares de anos mais tarde, como acreditam alguns paleontólogos? Talvez porque não era comum que esses animais morressem por lá.

É possível que tais áreas desérticas fossem usadas apenas para o trânsito entre uma e outra área mais úmida. Era um deserto como os atuais, onde rios e lagos são sempre raros. Todo esse trânsito evidenciado pelas pegadas sugere um lugar de passagem, uma região onde não se devia passar muito tempo, talvez um atalho ou um lugar somente para passar a noite. De outra forma, encontraríamos ninhos, marcas de disputas, de descanso, icnofósseis nunca descobertos naqueles arenitos.

Mas pegadas são encontradas aos milhares por lá, de vários tipos de dinossauros e de muitos outros bichos. As pegadas se cruzam pelas dunas, se estendem por longas trilhas, se misturam com pistas de vermes, aranhas e escorpiões, nos fazendo acreditar que a vida era animada naquele lugar.

É mesmo misterioso. As grandes placas de arenito contendo pegadas mostram trilhas de pequenos e grandes mamíferos marsupiais cruzando pistas de dinossauros celurossauros carnívoros, o que sugere que alguma caça deveria acontecer por ali.

Além de enigmático, é também irônico. Nessa região de inóspita sequidão, não encontramos o retrato paleontológico esperado da morte, mas as marcas da vida, em grande esplendor. Por outro lado, em quase todos os outros sítios paleontológicos brasileiros onde água e vegetação estavam presentes, favorecendo o florescimento da vida, o retrato que temos é o da morte. Vemos quase sempre os esqueletos desarticulados e aos cacos, preservados junto com as marcas da destruição da vida que os envolvia.

Como é comum ainda hoje nos desertos, especialmente durante o inverno, o calor acumulado pelas areias durante o dia se dissipava da superfície para

CENÁRIO 12
página 181

Passos no deserto – Em nossas terras, 130 Ma atrás, as diferenças de temperamento entre os animais se desfaziam no frio quase congelante do deserto Botucatu. As pegadas de um grande dinossauro serviam como nicho para que pequenos animais se acomodassem, a fim de minimizar os efeitos do vento e da queda da temperatura durante a noite e aproveitar de modo mais eficiente o calor acumulado nas areias durante o dia. Praticamente tudo que sabemos da vida animal que ocupava esse deserto, aprendemos estudando as pegadas por eles deixadas naquelas areias. Nesta cena, no canto inferior esquerdo, *Brasilichnum elusivum*, um dentre os raríssimos mamíferos marsupiais que deixaram evidências fósseis em terras brasileiras na era Mesozoica, descansa do extenuante dia que teve perseguindo pequenos artrópodes que lhe serviram de alimento. No centro, dois dinossauros celurosauros velocirraptorídeos completamente emplumados mostram exatamente a função original da evolução da plumagem: a retenção do calor corporal. Todos aproveitam as depressões deixadas pelas pegadas de um grande ornitópode (outro dinossauro ornitísquio conhecido apenas pelas pegadas) que passou por ali poucos minutos antes. Paleontólogos brasileiros recentemente descreveram, das rochas do antigo deserto, grandes raízes petrificadas encontradas ainda na posição que tinham em vida, além de imensos troncos caídos de proto-pinheiros que formavam florestas onde o deserto não era completamente inóspito. No alto da duna é possível notar a pequena nuvem de areia soprada pelo vento, a mesma que será acumulada em finas camadas sobre as pegadas, recobrindo-as e preservando-as para sempre. Em poucos minutos, a Lua crescente e Vênus farão companhia às estrelas de constelações que nunca conheceremos, iluminando mais uma noite gelada do inverno cretáceo. Nesse ambiente se formaram as rochas da formação Botucatu, no período Cretáceo, 130 Ma atrás (hoje expostas em vários estados do Sul, Sudeste e Centro-Oeste Brasil). Pegadas fossilizadas são muito comuns no interior do estado de São Paulo, em rochas da formação Botucatu expostas na região das cidades de Araraquara e São Carlos, onde o Laboratório de Biologia Evolutiva da Universidade Federal de São Carlos guarda a maior coleção de pegadas desse amplo deserto. Os grandes troncos petrificados foram encontrados no início da década de 1970 em uma fazenda próxima à cidade de Uberlândia, no estado de Minas Gerais.

página 233

página 234

a atmosfera porque não havia nuvens para retê-lo, deixando as noites frias demais, por vezes abaixo de zero. Nessas condições, em algumas madrugadas do Cretáceo, um bom abrigo poderia valer mais que uma boa porção de água.

COBRINDO O DESERTO COM LAVA

Pouco antes do fim do grande deserto, há cerca de 130 Ma, no começo do período Jurássico, uma pluma de calor no manto sob a plataforma sul-americana se expandia, levantando a crosta terrestre e provocando longas e amplas fissuras. Nesses pontos, aquecidas e aliviadas da pressão, as rochas do manto se fundiam em um magma pouco viscoso que se derramava sobre a superfície arenosa das dunas. Foi um vulcanismo fissural como os ocorridos na Sibéria e na Índia durante a terceira e a quinta grandes extinções em massa, quando amplas áreas entraram em erupção por fendas continentais, muito diferente dos vulcões típicos, comuns hoje nas regiões onde placas oceânicas e continentais colidem e elevam enormes cordilheiras. Não há vulcanismo fissural como esses na atualidade, de modo que os geólogos ainda tentam compreendê-los. O ponto quente (*hot spot*) original ainda encontra-se no mesmo local: no meio do oceano Atlântico, parte dele sob a ilha vulcânica de Tristão da Cunha. A ilha encontra-se sobre a cordilheira mesoceânica, onde a crosta basáltica que pavimenta o Atlântico ainda se expande em terremotos, vulcões e fontes hidrotermais submarinas. Afastada 1.800 km da África e mais de 3.000 km da América do Sul, é considerada a região habitável mais isolada no mundo e uma das sete ilhas mais perigosas para se viver.

No Brasil, esses derrames ocorreram de norte a sul em diversas fases, por um longo tempo. Enquanto os dinossauros andavam por aqui, as placas continentais sul-americana e africana começaram a se separar, quando o oceano Atlântico ainda estava nascendo. Era o início do fim de mais um supercontinente, a metade de baixo do Pangea, o Gondwana se despedaçando nos continentes como conhecemos hoje no hemisfério Sul. Eram os alicerces destas terras em formação, a nossa pré-história acontecendo. Aqui, a lava escorria entre as grandes dunas do deserto e os dinossauros foram forçados a procurar outras regiões para viver.

Pelas fissuras extravasaram quantidades gigantescas de lava basáltica sobre boa parte do Brasil e da África, em camadas que hoje alcançam espessuras de até 1,6 km em algumas regiões, por uma área estimada em 917.000 km^2, possivelmente representando o maior evento vulcânico fissural continental conhecido no mundo. Os geólogos chamam a rocha negra e densa originada pelos derrames de formação Serra Geral.

Bem mais tarde, as mesmas forças geológicas elevaram a serra da Mantiqueira e, pouco mais tarde, a serra do Mar, expondo à erosão as espessas camadas de basalto, de modo que estas gradativamente desapareceram desde as regiões litorâneas do Sudeste e Sul do Brasil até algumas centenas de quilômetros em direção ao interior. Suas bordas não erodidas a oeste deram origem à serra Geral, na região Sul, e às *cuestas* nos estados do Sudeste e Centro-Oeste do Brasil. Na África, basaltos de mesma idade aparecem nos planaltos de Angola e de Etendeka, na Namíbia. Antes da separação, os basaltos cobriam as terras ainda emersas entre os dois continentes. Hoje, as lavas petrificadas estão entre essas duas regiões, nas margens continentais sul-americana e africana, afogadas pelo oceano Atlântico. Como foram rebaixadas, as camadas basálticas jamais foram expostas à erosão, e por isso ainda estão sob as bacias petrolíferas da costa brasileira. Os basaltos são encontrados pelas sondas que perfuram a crosta em busca de petróleo naquela região imersa e, embora tenham sido fonte de graves problemas ambientais no passado, hoje, sobre o continente, as rochas deixadas só aceleram a nossa prosperidade.

RIQUEZAS DO BASALTO

Os derrames nos deixaram duas grandes riquezas de naturezas muito distintas. Rochas vulcânicas possuem uma grande variedade de elementos químicos distribuídos de modo homogêneo na matriz rochosa, e por isso apresentam uma textura muito fina – diferente, por exemplo, dos granitos, nos quais os elementos estão reunidos em imensos cristais. A decomposição da fina textura dos basaltos resulta em um solo argiloso muito fértil, rico em minerais que as plantas necessitam, e de fácil absorção, ótimo para a agricultura. Essa riqueza também explica por que no passado muitas cidades em todo o mundo se desenvolveram próximas a vulcões. Em uma das mais trágicas erupções vulcânicas da história moderna, o monte Vesúvio, na região italiana do golfo de Nápoles, hoje considerado inativo, entrou em erupção em 79 d.C. e soterrou completamente com várias camadas de cinzas duas das várias cidades romanas que cresciam à sua volta: Pompeia e Herculano. Embora distantes cerca de 9 km da boca do grande vulcão, estas receberam uma parte dos milhões de toneladas de rochas incandescentes ejetadas durante a erupção. Embora no passado os arqueólogos acreditassem que as cinzas haviam sufocado os cidadãos próximos dali, hoje é sabido que as cerca de 15 mil pessoas morreram assadas pelo calor irradiado pelos piroclastos que aterrissaram nessas cidades, elevando a temperatura até 250ºC. Diversas camadas de cinzas cuidaram de soterrar as construções com boa parte da população – outro exemplo de que os momentos de grande energia é que ficaram registrados dentro de um longo intervalo de monotonia sedimentar.

Como vimos, no Brasil, a lava chegou à superfície durante o tempo do grande deserto em um tipo diferente de fenômeno vulcânico, imensamente maior, recobrindo com rochas vulcânicas uma área de aproximadamente 1,2 milhões de km². A decomposição desses basaltos deu origem às extensas áreas de "terra roxa", que cobrem com solo muito fértil amplas regiões no Sul, Sudeste e Centro-Oeste do Brasil. Foi nesse solo com raízes em nossa pré-história que tesouros como o café começaram a ser cultivados há mais de dois séculos. Deste, nasceu e cresceu a economia de várias cidades durante o famoso Ciclo do Café, entre 1800 e 1930.

As espessas camadas de basalto, no entanto, protegem riqueza ainda maior.

RIOS NO DESERTO

E as areias submergiram sob espessas camadas de lava da formação Serra Geral, e de lá se foram os dinossauros em busca de outros ares e águas, enquanto os derrames assavam tudo por onde escorriam.

Atualmente, os arenitos que formavam as dunas do antigo deserto Botucatu por onde caminharam legiões de dinossauros estão isolados sob o basalto dos derrames. Esses arenitos se espalham por cerca de 1.100.000 km², com espessuras que variam entre 50 e 600 m, sob boa parte das regiões Sul, Sudeste e Centro-Oeste do Brasil e da Argentina, do Paraguai e Uruguai – uma área quase cinco vezes maior que a do estado de São Paulo. É uma camada gigante de rochas porosas, uma descomunal esponja.

A maior parte dos arenitos permanece confinada a mais de 1 km de profundidade sob o basalto. No entanto, especialmente nas margens erodidas da grande bacia sedimentar, bem como em regiões cortadas por rios, camadas do arenito aparecem na superfície, onde podemos tocá-las. Nessas áreas de exposição estão as pedreiras que há décadas retiram lajes para pavimentação de calçadas e revestimento de paredes, e nelas estão as milhares de pegadas de dinossauros e outros bichos que viveram no deserto.

Por se tratar de uma rocha muito porosa – lembre-se de que, pela mesma razão, a água trazida pelas ondas logo desaparece na areia da praia –, as águas facilmente penetram os arenitos nas áreas expostas na superfície, em regiões chamadas pelos hidrogeólogos de "áreas de recarga". É por esses pontos que há dezenas de milhões de anos as águas dos rios e das chuvas penetraram, dando origem a uma fascinante ironia geológica que transformou as areias desidratadas do inóspito deserto em um dos maiores reservatórios subterrâneos de água doce no mundo: o aquífero Guarani. São 30.000 km^3 de água, volume que corresponde ao de uma caixa d'água com arestas de 30 x 30 x 30 km. Mas se engana quem aposta que toda essa água pode ser retirada de lá. Não existem bombas com força suficiente para extraí-las das profundezas, como se, da sacada do primeiro andar, tentássemos sugar com um canudinho de refrigerante a água de um copo no piso térreo.

Assim, estima-se que apenas 5% das águas do aquífero Guarani estejam acessíveis para o consumo. No entanto, esse pequeno percentual abastece com águas praticamente gratuitas e tratadas milhões de pessoas no interior dos estados do Sul, Sudeste e Centro-Oeste do Brasil e de países vizinhos. Embora esse reservatório seja praticamente invulnerável sob o espesso basalto, é desprotegido nas áreas de recarga. Agrotóxicos, esgotos e descargas industriais penetram pelas porosidades e fissuras, contaminando as águas caprichosamente guardadas há centenas de milhares de anos, quando ainda nem havia quem as pudesse emporcalhar.

O aquífero Guarani é mais um tesouro a nós deixado desde a pré-história, protagonizado por exuberantes dinossauros que, em um caprichoso e impensado cuidado, parecem ter evitado que ossos e excrementos fossem deixados naquelas dunas, simbolicamente nos lembrando de que devemos ser extremamente cuidadosos com a água que temos.

Enquanto o vulcanismo cobria com basalto a sequidão das areias nas regiões Sul e Sudeste, espantando a fauna para outros cantos, nas terras mais a Nordeste os dinossauros perambulavam em busca de conforto.

SOMBRAS E PEGADAS

Rochas do período Cretáceo com fósseis de dinossauros são comuns no Brasil. É possível que a maior parte do nosso território estivesse recoberto por sedimentos há 130 Ma, quando enormes dinossauros caminhavam para lá e para cá em busca de água, alimento e parceiros. Como havia depressões na crosta em várias regiões, sedimentos contendo ossos ficaram preservados por amplas áreas, e por isso o Cretáceo é o período com o maior número de dinossauros conhecidos no Brasil.

O Brasil começava a afastar-se da África. Caminhando ou dando braçadas por estreitos lagos de água doce, poderíamos visitar as atuais terras da Nigéria e do Camarões, logo ali, do outro lado do estreito canal que se abria, e que mais tarde cresceria e seria chamado Atlântico.

Era um tempo quente, de terra seca; chovia pouco, mas chovia. Quando as águas se acumulavam em lagoas e os rios voltavam a fluir, a bicharada corria em busca de alívio.

No interior da Paraíba, rochas depositadas naquela época estão aparentes na superfície. Era um péssimo lugar para preservar ossos, tanto quanto no deserto Botucatu, mas a lama formada durante as chuvas era maleável e convenientemente plástica para conservar pegadas e rastros em longas trilhas reptilianas. Centenas de milhares de pegadas de muitos bichos diferentes estão lá preservadas: crocodilos, lagartos, tartarugas e, claro, muitos dinossauros.

Naquelas áreas meio lodo meio água, cianobactérias – as mesmas que bilhões de anos antes já oxigenavam o mundo – cresciam mescladas à lama, liberando uma mucilagem que tornava o substrato uma ótima massa de modelar. Quem caminhava por ali marcava longas trilhas semelhantes àquelas que deixamos na areia molhada na praia, cujas ondas rapidamente vêm apagar.

Mas, na Paraíba, não era praia nem areia o que cobria aquela região, não havia ondas e não era gente que passava por lá. Era uma planície periodicamente inundada, um chão de lama úmida misturada com lodo de cianobactérias, e quem circulava por aquele lamaçal era uma legião de criaturas pré-históricas, algumas com 10 m de comprimento e várias toneladas.

As águas que lá chegavam uma vez por ano, hidratando a região durante um curto intervalo de tempo, logo evaporavam, esturricando a lama e imprimindo sobre elas as gretas da sequidão. No entanto, sob aquela terra seca e crocante, uma esteira impermeabilizante de cianobactérias retia a umidade, mantendo o solo vivo e macio pouco abaixo da superfície. Sobre aquele robusto colchão de capa quebradiça, caminharam dinossauros e outros bichos provavelmente em busca de água, deixando milhares de pegadas que resistiram ao tempo, porque a geologia lançou sobre elas camadas de sedimento que as protegeu.

E a Terra não parou. Mais de 130 Ma se passaram, aquela região afundou, e mais sedimentos se acumularam até que a lama virou rocha. Novos ventos e águas removeram gradualmente a cobertura, expondo exatamente em nosso tempo as pegadas agora petrificadas. Embora ossos não tenham sido guardados, sabemos que diversos tipos de dinossauros viveram e caminharam por ali durante o Cretáceo. Muitos quilômetros de pistas e trilhas ainda permanecem escondidos sob uma fina camada de rocha e solo nas terras paraibanas.

Os dinossauros eram muito diferentes entre si, e suas patas, também. Pegadas com diferentes tamanhos, alongadas ou circulares, com três ou quatro dedos curtos ou longos, largos ou afilados, com unhas no formato de garras ou de pequenas pás, denunciam que diferentes espécies caminharam por ali.

Quando hoje andamos pelas terras novamente secas da Paraíba, vemos os dinossauros de um modo diferente de quando observamos seus esqueletos expostos em museus. Sob o céu azul da caatinga, nos chamam a atenção as enormes pegadas impressas em longas trilhas pela rocha, e ali mesmo imaginamos os dinossauros à procura de algo, de um modo tão real que por pouco não vemos suas sombras correndo pelo chão.

Quem sabe daqui a alguns anos teremos no Vale dos Dinossauros, na cidade de Souza, Paraíba, o maior sítio de pegadas de dinossauros do mundo?

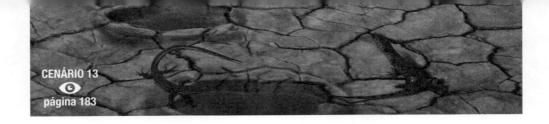

O sertão cretáceo – Não resisti à ideia de reconstruir o dinossauro caminhando sobre o sedimento ressecado, exatamente como a primeira imagem que apareceu em minha mente quando visitei as pegadas no piso gretado do Vale dos Dinossauros, no interior da Paraíba. No entanto, a história da formação de tais pegadas pode não ter sido exatamente essa. Cada pisada de um dinossauro ornitópode 🔳 como este, que chegava a 7 m de comprimento e cerca de 4 t, podia deformar as várias camadas de sedimentos ainda macios por até 1 m de profundidade. O resultado pode ser visto ainda hoje: uma pilha de pegadas fossilizadas que, vistas em seção, suavizam até desaparecer completamente abaixo da superfície. Assim, embora seja possível que as pegadas que vemos hoje naquela superfície seja exatamente o nível no qual o dinossauro caminhou, não é impossível que a camada original pisada tenha sido removida pela erosão e, dessa forma, o que vemos ali seja somente um dos horizontes deformados centímetros abaixo do piso real. Palavra de especialista, mas eu duvido. Outra dúvida por ser resolvida é o momento em que as pegadas se formaram, se antes ou depois do agretamento (a formação das fissuras). Chamadas tecnicamente de "gretas de contração", formam-se rapidamente pela contração da lama quando a água evapora dos seus interstícios. Portanto, para que as pegadas tenham sido impressas antes do agretamento, o dinossauro teria que ter passado por ali enquanto a superfície se encontrava inundada ou ainda muito úmida. Outra possibilidade é que as pegadas tenham se formado posteriormente ao agretamento, quando somente os sedimentos logo abaixo ainda estavam úmidos na camada impermeabilizada pelas esteiras microbianas. É motivo de ótimo estudo, trabalho complicado e minucioso para um paleontólogo. Nesta cena, o dinossauro ornitísquio – grupo de dinossauros conhecido no Brasil apenas por suas pegadas –, já saciado com dezenas de litros da preciosa e rara água encontrada a quilômetros do seu território, retorna para as regiões mais elevadas onde encontra a vegetação da qual se alimenta. A cada passo, com o rompimento das camadas superficiais, a água retida nas camadas microbianas enche temporariamente as pegadas, saciando a sede de outros pequenos animais. Nesse ambiente se depositaram os sedimentos que deram origem às rochas da formação Sousa, bacia de Sousa, no período Cretáceo, há 130 Ma de anos (hoje expostas na cidade de Sousa, no interior da Paraíba).

O NASCIMENTO DA AMÉRICA DO SUL E DE OUTRA GRANDE RIQUEZA

Nesse mesmo tempo, cerca de 600 km a leste da grande praça de pegadas do Parque dos Dinossauros, por toda a extensão do que poucos milhões de anos mais tarde seria o extenso litoral brasileiro, bandos de dinossauros vagavam por uma região em convulsão. A pluma de calor que se elevava no manto ainda distendia as rochas da crosta continental gondwânica, provocando o aparecimento de novas fraturas. O Gondwana estava se quebrando e dois novos continentes, a América do Sul e a África, logo iriam nascer. Essas fraturas ocorriam num enxame de falhas geológicas que enfraqueciam e rompiam a crosta, dando origem a blocos que afundavam em longos riftes ❶. Em direção a eles, ao longo dos milhões de anos seguintes, escorreram águas e sedimentos que formaram extensos lagos de água doce.

As antigas regiões áridas quase desérticas do centro do Gondwana eram agora novos oásis onde a vida florescia surpreendentemente. Cianobactérias, algas e tudo que podia viver nas águas proliferava em abundância naqueles lagos, e por milhões de anos seus restos e carapaças se acumularam aos bilhões de toneladas nas suas profundezas anóxicas. Eram dezenas de lagos que enchiam os grandes riftes, cicatrizes que não foram fechadas, mas que se abriram, pondo um fim ao supercontinente. À medida que a crosta cedia, o Gondwana era gradativamente rompido e, entre os dois novos continentes, as longas depressões mantinham-se inundadas. Eram passos geológicos avançados que já sinalizavam o fim do Gondwana.

Processos semelhantes ocorrem hoje no nordeste da África, onde a crosta encontra-se nesse mesmo estágio de abatimento, gerando a sequência dos lagos Malawi e Kivu e de áreas rebaixadas ainda não submersas em países como Tanzânia, Quênia e Etiópia. Pouco a leste, o mar Vermelho e o golfo de Aden são o estágio mais avançado, no qual o continente já se rompeu e a formação da crosta oceânica afogada pelas águas marinhas já está em andamento. Como ocorre atualmente no nordeste africano, o litoral que nascia durante o período Cretáceo no leste da América do Sul atormentava os dinossauros com constantes erupções vulcânicas e fortes terremotos.

E o continente se rompeu. Com o avanço da separação, as águas oceânicas do recém-nascido Atlântico invadiram e evaporaram das depressões, depositando sobre os sedimentos dos antigos lagos uma espessa camada de sal. Era o estágio em que se encontra o mar Vermelho, que separa a costa leste da África da costa oeste da península Arábica.

Alguns milhões de anos depois e a África já estava distante, fora do alcance da vista dos dinossauros que viviam nas praias sul-americanas. As populações agora divididas seguiam evoluindo isoladas sobre os novos continentes. É essa a razão da grande afinidade entre dinossauros de idade cretácea encontrados no Brasil e na África. Eles descendem das mesmas populações que habitavam as terras contíguas do antigo Gondwana.

Primeiro separados pelos lagos e mais tarde pelo grande oceano, suas afinidades reforçam o fato de que esses continentes estiveram unidos – e tem muita gente que ainda não acredita nisso.

ÓLEO E SAL

Hoje, algumas daquelas antigas depressões estão localizadas a pouco mais de 100 km por toda a extensa costa brasileira na região onde as costas sul-americana e africana estiveram unidas no passado. Afogadas sob 2 km de águas marinhas e preenchidas com pilhas de sedimentos que chegam a 6 km de espessura, além da história do preenchimento ocorrido desde os primórdios da sua formação, suas rochas guardam outra grande riqueza, plantada na pré-história mesozoica e que apenas recentemente começamos a colher.

Nas profundezas anóxicas daqueles lagos anteriores à entrada da água salgada, a matéria orgânica derivada da vida que lá floresceu se acumulou misturada aos sedimentos, dando origem a uma lama negra e fedorenta. Ao mesmo tempo que era acumulada e compactada pela pressão dos sedimentos que a cobriam, reações químicas impulsionadas pela atividade de microrganismos degradavam proteínas, carboidratos e gorduras organizadas pela vida, dando origem a compostos como o querogênio e o betume. À medida que a temperatura crescia com a profundidade e com o aumento da pressão, o querogênio era degradado, dando origem ao petróleo. Um pouco mais quente, e este deu origem também ao gás natural, o metano, que também pode ser usado como combustível. Quando não conseguem armazená-lo, as plataformas que retiram o petróleo no oceano precisam queimá-lo nas intrigantes torres de chamas eternas, os *flares*, cujas poderosas labaredas cor de laranja deixam escapar uma espessa e negra camada de fuligem. Toda aquela energia acumulada pela vida na pré-história e que os milhões de anos transformaram em gás precisa ser queimada, simplesmente porque não temos como armazená-la. Milhões de anos solidificaram aquela lama fedorenta em rocha que os geólogos chamaram de folhelho Candeias, a rica fonte do ouro negro, rocha geradora de todo o óleo acumulado entre 140 e 130 Ma atrás, quando o imenso Gondwana começou a se quebrar – a hoje popular camada do pré-sal ❶.

Sobre essa rocha se acumularam os sedimentos que entupiram os lagos, deixando-os mais rasos. Neles, durante mais alguns milhões de anos, se acumularam camadas de conchas de moluscos, chamadas tecnicamente de coquinas, que chegam até 200 m de espessura. Porosas, essas camadas absorvem o óleo dos folhelhos abaixo, armazenando-o como uma grande esponja-reservatório. Sobre esse reservatório há camadas com até 2 km de sal, que se precipitaram quando o mar invadia os riftes por meio de grandes canais, e evaporava no calor das longas praias que estavam nascendo. Por isso nos referimos às camadas que contêm o óleo como "camadas pré-sal". Lá estão guardados ao menos 80 bilhões de barris de óleo e gás natural. Nesses combustíveis fósseis estão as longas cadeias construídas com o carbono que a vida retirou do CO_2 enquanto respirava a fim de produzir energia para existir. Se por um lado todo esse combustível representa uma das maiores riquezas minerais do Brasil atual, por outro, anuncia mais uma vez que não se deve brincar com as coisas que a Terra guardou, em especial o carbono.

CO_2, CO_2, CO_2

Cada barril de petróleo armazena 159 litros, o que representa em média uma massa de 135 kg de óleo. Destes, 118 kg são de puro carbono, e por isso o petróleo é tão escuro. Mas petróleos não são todos iguais, de modo que o que se produz com um barril pode variar de acordo com sua qualidade. Normalmente, desses 159 litros de óleo cru é possível produzir em média 73 litros de gasolina, 40 litros de óleo diesel, 15 litros de combustível de aviação (querosene), 8 litros de coque, 6 litros de óleo combustível refinado, 5 litros de gás liquefeito, 7 litros de outros gases, 5 litros de asfalto e mais 5 litros de outras coisas (que somam 164 litros, 5 a mais do que no início, porque o refino expande o seu volume).

Faça as contas, multiplicando o número de litros desses derivados por 80 bilhões, e você terá uma ideia da quantidade de combustível que está armazenada naquelas profundezas. Muito, não é?

No entanto, nem tudo é queimado, pois parte do petróleo é utilizado para a produção de lubrificantes, plásticos, ceras, asfalto etc. Em média, cerca de 80% do total de carbono contido em de cada barril, mais ou menos 94 kg, será queimado nos derivados refinados produzidos como combustíveis líquidos para automóveis e aviões, bem como gás para termoelétricas, siderúrgicas e residências. Durante a combustão, cada átomo de carbono se combinará com dois átomos de oxigênio e produzirá o gás carbônico, resultando na emissão de um estranho total de 345 kg de CO_2 – quase quatro vezes mais que a massa original de carbono contida em cada barril[7]. E, como todos sabemos, o CO_2 está entre os principais vilões colaboradores do efeito estufa que aquece a atmosfera terrestre, modificando o clima e alterando os regimes de chuvas, ventos e correntes marinhas, provocando o derretimento das geleiras, a elevação do nível do mar etc. Embora exista muita gente séria que não acredita nisso, cada um deve se informar e decidir em que acreditar. Independente da sua decisão, faça as contas: multiplique os 64 bilhões por 345 kg de CO_2 que será produzido por barril para saber o quanto a queima daquele óleo armazenado nas camadas pré-sal contribuirá com a pegada de carbono, isto é, com a emissão de CO_2 para a atmosfera durante seu consumo nas próximas décadas. Agora, compare o valor com as aproximadas 30.000.000.000 (30 bilhões) de toneladas emitidas anualmente pelo mundo nos últimos anos. É o lado ruim da coisa boa. Quem viver, verá.

A CORDILHEIRA MESOCEÂNICA

Durante o processo de fraturamento e abertura do novo oceano, diversos episódios expeliam o magma que empurrava os continentes para lados opostos, criando a nova crosta oceânica e dando origem a ilhas vulcânicas entre os dois continentes.

A pluma de calor que dividiu o Gondwana, também chamada de Tristão da Cunha, ainda está lá, liberando o seu calor em uma pequena porção do que compõe o maior fenômeno geológico ainda vivo na superfície terrestre: a cordilheira mesoceânica ⓘ, que se estende de norte a sul no oceano Atlântico,

PLACAS TECTÔNICAS
página 196

7. Simples. O peso atômico do carbono é 12, mas o do oxigênio é 16 (x 2 = 32). Porque o oxigênio é mais pesado e é duplicado na composição do CO_2, a massa total final é quase quadruplicada, isto é, com 94 kg de carbono se produz 345 kg de CO_2.

dividindo-o em metades idênticas. Atualmente, diversos picos das montanhas de lava ainda aparecem fora da água na parte central desse oceano que não se cansa de crescer. Uma delas, bem ao norte no globo, ainda em grande atividade, expele a lava sobre um mundo congelado onde o homem achou por bem construir um país: Islândia, a terra do gelo. Nessa linha onde hoje se encontra a cordilheira, nasceram os litorais brasileiro e africano 130 Ma atrás.

DEVANEIOS SOBRE O TEMPO

Os continentes sempre estiveram em movimento, e estão agora mesmo, por toda parte, onde quer que esteja ocorrendo um terremoto. Neste momento, enquanto as lavas expelidas se expandem na cordilheira mesoceânica, movendo os continentes para lados opostos, a borda oeste da placa tectônica sul-americana cavalga sobre as placas de Nazca e da Antártica, que formam parte da crosta oceânica no Pacífico, produzindo grandiosas tensões nas chamadas zonas de subducção. Toda a energia ali acumulada é aliviada pelo soerguimento dos Andes, pelos pouco mais de duzentos vulcões potencialmente ativos no cinturão andino e durante os fortes terremotos que ocorrem do Chile à Colômbia, além de outros milhares de pequenos e imperceptíveis tremores quilômetros abaixo de toda a América do Sul. É a Terra em movimento, que nos levará alguns centímetros mais distantes da África durante nosso tempo de vida.

Por causa da grande distância e lentidão com que esses fenômenos ocorrem, nem sempre os percebemos. Mas acredite, há 130 Ma a África estava unida à América do Sul ❶ – repare no mapa do mundo como os dois litorais se encaixam perfeitamente. Em uma escala muito distinta, ainda que atentos e com olhos fixos, não percebemos o movimento do ponteiro das horas em um pequeno relógio. Mas se desviar o olhar e por alguns minutos aguardar, perceberá que o ponteiro se movimentou. Espere alguns milhões de anos e entenderá, pelos novos mapas, que todos os continentes se moveram. A velocidade com que a geologia e a evolução da vida acontecem é insuportavelmente lenta para nossa percepção. Podemos imaginá-la e medi-la somente porque aprendemos a estudar os registros geológicos e fósseis guardados nas rochas. Você não vê o ponteiro das horas em movimento,

> **PLACAS TECTÔNICAS**
> 👁
> página 196

mas o tempo está correndo. Embora hoje não os percebamos, os movimentos das placas tectônicas ocorridos no último trilhão de horas desfez completamente o supercontinente Gondwana, dando origem à América do Sul, África, Madagascar, Índia, Austrália e Antártica.

É a geologia em ação, fenômeno que nunca se desenvolveu em sua plenitude nos planetas rochosos vizinhos ou mesmo nas inúmeras luas rochosas dos planetas jovianos. O vulcanismo fotografado em 1996 pela sonda Galileu na superfície de Io está relacionado à esmagadora força gravitacional de Júpiter, e não ao calor residual armazenado em seu interior, como é o caso da Terra. Das 49 luas oficialmente conhecidas de Júpiter, Io é a mais próxima, e por isso sofre a opressão do gigante – traduzindo sua agonia no lamento de cerca de quatrocentos vulcões.

De tempos em tempos, ouvimos sobre grandes terremotos e tsunamis que destroem boa parte de um país, deixando centenas de milhares de mortos, e nos envolvem em densas nuvens de tristeza e sofrimento. São as consequências dos movimentos bruscos das placas tectônicas que separam e unem os continentes, as camadas da Terra em ação. O grande terremoto de magnitude 8,9 ocorrido no leste do Japão em 2011, que provocou o terrível tsunami, empurrou a ilha japonesa por 2,4 m para oeste, em direção à Ásia. Ironicamente, esses mesmos movimentos causadores de terríveis desastres foram também os responsáveis pela manutenção, multiplicação, diversidade e complexidade da vida ao longo de toda a história da Terra.

Mais de um milhão de terremotos menores ocorrem no mundo todos os anos, alguns perceptíveis, outros nem tanto. Sob o Brasil ocorrem a grandes profundidades, e por isso não conseguimos percebê-los. Os continentes não param, estamos à deriva, pode crer. Movemo-nos em pequenos saltos com a mesma velocidade que nossas unhas crescem – mais ou menos 4 cm por ano – no maior, mais longo e contínuo dentre todos os fenômenos geológicos que a Terra experimenta continuamente desde a formação das primeiras crostas oceânicas e continentais, entre 4,4 e 4,1 Ga atrás.

O MAR VIROU SERTÃO

Algumas daquelas fraturas que partiram o Gondwana adentraram o continente, na tentativa de parti-lo. Uma delas logo foi inundada por águas que trouxeram em suas correntes os sedimentos formados enquanto as encostas dos grandes riftes eram desfeitas pela erosão. Transformados em rochas, afloram hoje nos sertões do Piauí, Pernambuco e Ceará e estão magnificamente expostas nas bordas da majestosa chapada do Araripe.

Apesar do clima seco daquela época, bem mais que o atual, a água doce inundou a grande bacia Araripe 110 Ma atrás. O mar chegou pouco mais tarde, deixando sobre os sedimentos depositados no lago uma camada de rochas evaporíticas com 20 m de espessura, contendo minerais como gipsita ($CaSO_4 \cdot 2H_2O$), silvita (KCl) e halita ($NaCl$). E se foi. Logo voltou timidamente, deixando as águas levemente salobras para hidratar aquela região por mais alguns milhares de anos. E secou. Naquelas águas, primeiro doces e mais tarde salobras, floresceu um exuberante santuário da vida pré-histórica, que ficou lá guardado, sem exageros, como em nenhum outro lugar no mundo.

O santuário está hoje petrificado e ganhou nomes dos geólogos: formações Crato e Romualdo, tendo a formação Ipubi como recheio, unidas no passado na formação Santana. Foram lagos interiores, formados um sobre o outro, enquanto aquela região afundava. E os bichos adoravam aquele lugar. Já foram retirados de lá milhões de esqueletos fossilizados que, em números aproximados, indicam a presença de 25 espécies de peixes, 4 rãs, 1 tartaruga, 2 lagartos, 4 crocodilos, 22 pterossauros, 4 dinossauros, centenas de penas, dezenas de espécies de artrópodes (grilos, gafanhotos, vespas, moscas, traças, baratas, libélulas, besouros, homópteros, hemípteros, efemerópteros, aranhas, escorpiões, caranguejos) e plantas, identificadas pelos diferentes tipos de folhas, flores, pólen e esporos fossilizados. Recentemente, encontraram nos folhelhos da formação Crato a primeira ave de idade mesozoica em rochas brasileiras, um pequeno dinossauro com o tamanho de um beija-flor.

O sertão nordestino tem hoje essa riqueza transformada em nosso primeiro Parque Geológico Nacional, o do Araripe, chapada sobre a qual também foi designada em 1946 a primeira Floresta Nacional Brasileira, Araripe-Apodi. Revestida ainda pelo manto verde da Caatinga, essa região do sertão do Nordeste brasileiro conserva fossilizadas outras grandes riquezas deste país.

Fósseis de apenas quatro espécies de dinossauros terópodes foram retirados de lá, todos representando animais magníficos, como os pescadores espinossaurídeos *Irritator* e *Angaturama* e os emplumados celurossauros *Santanaraptor* e *Mirischia*. Muitos outros seguramente andaram por lá, mas as rochas que restaram na chapada equivalem àquelas depositadas em águas mais profundas, distantes da praia, onde era mais difícil um esqueleto chegar. Rochas formadas próximas das margens podem ter guardado maior número e variedade de esqueletos. No entanto, a borda da bacia onde tais rochas podem ter existido foi erodida e apagada do registro, como um bolo que teve as beiradas comidas e o centro mantido. Este equivale às regiões mais distantes e profundas do lago, sem as várias "cerejas" que enfeitavam suas margens, devoradas pela erosão.

DINOSSAUROS E SUAS CORES

Foi também nos sedimentos depositados no fundo desse mar sertanejo que ficou guardado mais um tesouro pré-histórico brasileiro que deu início a uma nova era nas pesquisas sobre os dinossauros. Em 2008, o dinamarquês Jakob Vinther entrou para a história ao descobrir, sob os feixes de elétrons de um poderoso microscópio eletrônico, que os pequenos bastonetes que infestavam os ramos de uma pluma fóssil encontrada nas rochas do Araripe não eram bactérias, como até aquele momento pensavam, mas melanossomos. São essas as organelas onde ocorre a produção e o armazenamento da melanina, o pigmento que dá cor ao mundo animal. Jakob percebeu que o arranjo e a disposição dos bastonetes mudavam o comportamento da luz que incidia sobre as penas, determinando a grande variedade de cores. Até então, todas as cores com que pintaram os dinossauros descobertos nos últimos 150 anos haviam sido inventadas pelos paleoartistas.

Não demorou muito até que, em 2010, pesquisadores chineses e ingleses apresentassem ao mundo a primeira imagem de um dinossauro com cores determinadas pelo estudo dos melanossomos. O pequenino *Sinosauropteryx prima*, encontrado no nordeste da China em rochas da formação Yixian com 130 Ma (Cretáceo), tem todo o corpo recoberto com fibras hoje interpretadas como penas, e estas são completamente revestidas de melanossomos fossilizados. *Sinosauropteryx* tinha o corpo e os quatro membros cobertos por um casaco de fibras de cor castanho-clara, seu peito era branco e sua longa cauda era decorada com anéis brancos e castanhos intercalados. Já temos vários dinossauros reconstruídos com suas cores originais, algo que até pouco tempo atrás não se acreditava que seria possível. O fóssil de *Sinosauropteryx* ficou guardado na gaveta de um museu por cerca de catorze anos até que suas verdadeiras cores pudessem ser reveladas.

Como vimos, a Terra também erode e destrói as rochas que produz. É uma questão de tempo e de atividade geológica. A lenta e implacável fúria da erosão foi e ainda é uma grande força motora da geologia. O Brasil, daqui a alguns milhões de anos – exceto pelas raras regiões que hoje afundam recebendo sedimentos, como o Pantanal Matogrossense e a ilha do Bananal, no estado do Tocantins –, terá suas camadas superficiais transformadas em sedimentos que serão levados pelos rios e despejados nas margens do oceano Atlântico, incluindo praticamente todas as cidades que conhecemos. O país será quase inteiramente apagado.

No entanto, nesse longo tempo erosivo que ainda apagará completamente a pré-história cretácea da região, coexistimos com uma fração da pilha de sedimentos do Araripe que nos dá uma ideia do que aconteceu por lá 110 Ma atrás. Naquele paraíso deslumbrante havia outras criaturas igualmente atraentes, raramente vistas no chão: os pterossauros. Nas águas, chegavam em sobrevoos rasantes em busca de alimento; ou já mortos, eram transportados pelas correntes.

PTEROSSAUROS – RÉPTEIS NOS ARES

Hoje estamos familiarizados com eles e, exceto pelo tamanho de alguns e pelas suas cristas imensas, não vemos estranheza no fato de que um dia existiram e de que foram répteis alados. Mas não foi sempre assim. Quando os primeiros esqueletos foram encontrados, os grandes estudiosos naturalistas, já muito familiarizados com a anatomia dos animais, arriscaram de tudo – como se não pudessem acreditar que aquelas criaturas foram répteis capazes de voar. Exceto pelas aves, estamos há 66 Ma sem outros répteis voadores. Dá para entender. Ofereceram várias possibilidades, como "animal de hábito anfíbio", "marsupial voador", "mamífero semelhante aos morcegos", "aves", "animal aquático". Era difícil imaginá-los como répteis voadores. Exemplares perfeitamente preservados e completos já eram conhecidos de rochas da Europa séculos atrás, mas era difícil defini-los. Foi o grande anatomista George Cuvier quem determinou pela primeira vez, em 1801, que pterossauros eram répteis alados. E assim permanecem até hoje.

De tão grandes e fantásticos, são tidos pela maioria das pessoas fora do circuito acadêmico como dinossauros voadores. Mas não foram. Apesar do parentesco muito próximo, e a despeito do tamanho e da época em que viveram, pertencem a uma linhagem distinta, muito próxima, primos em segundo grau, mas não eram dinossauros.

Embora as carcaças de dinossauros mortos não chegassem com muita frequência às regiões mais profundas do mar Romualdo – o mar no qual foram depositados os sedimentos que deram origem às rochas da formação Romualdo mencionada acima –, com os pterossauros era diferente. Voadores, com ossos pneumáticos como os das aves, e muito leves, podiam ser transportados pelas correntes até que afundassem longe da costa. Além disso, eram em sua maioria pescadores, e o contato com as águas distantes da costa era mais intenso. Mais numerosos naquele mundo piscoso, morriam aos milhares, e também por isso um grande número de espécies já foi encontrado naquelas rochas.

EXTRAVAGÂNCIAS AÉREAS

Alguns pterossauros da bacia do Araripe são tão extravagantes que, de certa forma, nos ajudam a entender o que se passava na cabeça daqueles primeiros naturalistas.

Thalassodromeus tinha uma crista que deixava sua cabeça com 1,42 m de comprimento. Seu focinho, muito delgado, não tinha dentes, e suas asas mediam 5,3 metros de uma extremidade à outra – dê cinco grandes passos e meio e veja o que isso significa. Provavelmente, ele pescava as refeições em longos rasantes com o bico parcialmente imerso nas águas. Sua grande crista óssea apresenta longos sulcos, interpretados pelos seus descobridores, paleontólogos do Museu Nacional no Rio de Janeiro, como cicatrizes de veias e artérias que inundavam os tecidos que a revestia, estratégia para dissipar o calor nos momentos de grande atividade (assim como faz o radiador em um carro). É possível ainda que o bombeamento de sangue para a crista alterasse a cor dos tecidos, sinalizando a outros machos os limites do seu território ou alertando as fêmeas sobre sua *sexy* presença. Parte dos seus esqueletos originais, além de muitos outros importantes fósseis brasileiros, podem ser vistos no Museu Nacional da Universidade Federal do Rio de Janeiro, na Quinta da Boa Vista.

Outro desdentado de crista estrambólica foi *Tupandactylus imperator*. Partindo do crânio, duas hastes ósseas que se projetavam para trás sustentavam uma membrana coriácea que, após sua morte, deixou uma marca impressa na rocha, em outro feito notável das rochas daquela região. O projeto tem uma curiosa semelhança com os mastros que prendem a vela da também cearense jangada. Com ossos pneumáticos e uma abertura alar de apenas 3 m, *Tupandactylus* era bem mais leve, e sua crista, com 1 m de diâmetro, poderia ter uma terceira função além das duas mais tradicionais de radiador e sinalizador. Quem sabe se, como nas jangadas no mar, a vela funcionava como um propulsor em pleno voo, promovendo a economia de energia enquanto os ventos o sopravam durante as curtas viagens sobre o Atlântico até as praias da costa africana.

PTEROSSAUROS SULINOS

Recentemente, paleontólogos brasileiros encontraram nas prateleiras do Centro de Paleontologia da Universidade do Contestado, na cidade de Mafra, Santa Catarina, fósseis de pterossauros guardados há pouco mais de trinta anos. Incrédulos com o que viram, organizaram uma visita às rochas da formação Goio-Erê expostas na cidade de Cruzeiro do Sul, no centro-oeste do estado do Paraná, onde o material havia sido originalmente encontrado por fazendeiros locais. Diante de rochas do período Cretáceo com 80 Ma de idade, o achado entrou para a lista das mais importantes descobertas já realizadas no mundo sobre a vida dos pterossauros: centenas de ossos desarticulados, representando ao menos 47 indivíduos jovens e adultos, machos e fêmeas, mortos provavelmente quando estavam reunidos em uma grande colônia às margens de um dos raros lagos que hidratavam as areias do deserto. A calamidade deve ter ocorrido provavelmente durante uma violenta tempestade de areia, que matou-os e espalhou suas carcaças. A grande crista que se abria como vela sobre a cabeça, bem como suas imensas asas, que garantiam o seu sucesso no ensolarado deserto cretáceo, paradoxalmente, como guarda-chuvas abertos durante um vendaval, arrastaram-nos para a morte. Após apodrecerem e terem seus ossos desarticulados, as águas ajuntaram seus cacos desarticulados e fragmentados em depressões não muito distantes do local onde foram pegos.

página 238

Há quem discorde que a explicação para essa raríssima concentração da nova espécie de pterossauro, *Caiuajara dobruskii*, seja simples assim. Quatro camadas contendo ossos se sucedem verticalmente por quase 1,5 m da rocha encontrada no Paraná, indicando que ao menos quatro eventos de mortandade ocorreram distribuídos ao longo de um tempo maior que o de uma tempestade, em intervalos de dezenas ou até centenas de anos. Mas ainda é cedo para "bater o martelo" e encerrar o caso. Como apenas 5% das camadas contendo ossos foram até o momento estudadas, novas surpresas logo devem aparecer para iluminar a mente dos paleontólogos. Enquanto isso, aguardamos ansiosos que esses fósseis possam ser vistos ao vivo por todos no maravilhoso Museu da Terra e da Vida, do Centro de Paleontologia da Universidade do Contestado.

Pterossauros foram comuns, até que as aves interferiram de algum modo na sua evolução, talvez ocupando rapidamente os nichos deixados vagos pelas linhagens que se extinguiam. Lamentavelmente, pterossauros foram completamente extintos no final do período Cretáceo, tendo sido a única linhagem de vertebrados terrestres a desaparecer completamente naquele momento. Mas isso não ocorreu porque eram animais "primitivos", pouco competitivos etc. As aves estavam em ascensão, e certamente interferiram nos ecossistemas (e, consequentemente, na estrutura ecológica dos pterossauros). Além disso, de modo geral, grandes animais sofreram mais durante as mudanças ambientais causadas pelo impacto do asteroide. Devido às consequências da catástrofe ambiental – falta de luz, chuva ácida etc. –, os enormes pterossauros que dependiam da cadeia alimentar oceânica viram boa parte das águas se deteriorar, bem como seu alimento favorito, os peixes, acabar.

ARGENTINA E BRASIL

Os ambientes eram variados e as vidas eram muitas no novo continente que nasceu. Muitos dinossauros que viveram no Brasil eram pequenos e, embora as espécies fossem poucas e os bandos, menores, eram maravilhosos, como todos os outros animais. No entanto, em terras brasileiras, somente em rochas de idade triássica e cretácea podemos encontrar dinossauros ❶.

REGIÕES COM FÓSSEIS DE DINOSSAUROS
👁
página 200

ARGENTINA – PASSADO E PRESENTE

Mas na Argentina foi bem diferente. Além de maravilhosos, as espécies de dinossauros eram muitas, os bandos, numerosos, e em determinado período eles se agigantaram como monstros desproporcionais. Por que será?

Durante a era Mesozoica, as terras argentinas eram um lugar melhor para os dinossauros viverem. No Triássico, em uma região de baixa latitude, a apenas 400 km do litoral do Pacífico, rios meandrantes e extensas planícies de inundação, típicas de regiões mais úmidas, proporcionavam água e vegetação em abundância. Lá viveu uma diversificada fauna de dinossauromorfos, protodinossauros como *Lagerpeton* e silessaurídeos, além da típica fauna triássica do sudoeste do Pangea, composta pelas várias linhagens de arcossauros crurotársios e terapsídeos.

Se, por um lado, aqueles ambientes ofereciam grande oportunidade para a vida entre 240 e 230 Ma atrás, hoje oferecem grande oportunidade para os paleontólogos. Rochas formadas durante o período Triássico compõem a formação Ischigualasto, atualmente expostas no Parque Estadual de Ischigualasto, na província de San Juan, Argentina, em uma linda região desértica conhecida como Vale da Lua. Atrás da grande muralha andina a sequidão prevalece, impedindo o desenvolvimento da vegetação e deixando as camadas superficiais frescas e nuas, com dentes e ossos fósseis ainda intactos, à flor da rocha.

BRASIL – PASSADO E PRESENTE

Ainda no Triássico, membros dessas mesmas linhagens viveram em terras brasileiras, mas em condições pré-históricas e atuais opostas às da Argentina. Terras hoje ocupadas pelo Rio Grande do Sul também estavam em baixa latitude, mas distantes pouco mais de 2.000 km da costa, no interior do inóspito Pangea. Além disso, daqui para leste estavam as terras que no futuro seriam a grande África. Estávamos quase no meio do nada. Rios entrelaçados, típicos de regiões áridas, se alternavam com intervalos mais úmidos, quando rios meandrantes apareciam inundando planícies e recobrindo com lama esqueletos de protodinossauros como o *Sacisaurus*, crurotársios e terapsídeos.

Diferente da Argentina, essas rochas triássicas, aqui chamadas de formações Santa Maria e Caturrita (grupo Rosário do Sul), estão hoje sob clima superúmido e são constantemente destruídas pelo intemperismo químico e físico promovido pelas matas nelas instaladas. Com a destruição natural dessas rochas se vão milhões de esqueletos, muitos deles de animais que provavelmente jamais saberemos que existiram.

JURÁSSICOS E CRETÁCEOS DISTINTOS

Já no Jurássico e em boa parte do Cretáceo, terras brasileiras estavam cobertas por imensos desertos de dunas e rochas. A baixa umidade abafava a diversidade vegetal, e esta, a dos animais, assim como acontece hoje pelo mundo. Por exemplo, regiões desérticas quentes, como os desertos do Saara e de Kalahari, ou frias, como os desertos do Atacama e de Gobi e a Antártica, têm a diversidade da flora sempre contraída pela escassez de água, o que faz com que a fauna seja pouco diversificada. Nessas regiões, devido à sua grande mobilidade, as aves sempre são os animais de maior diversidade – dinossauros, para variar. No Jurássico e Cretáceo, dinossauros avianos eram ainda raros no Brasil, de modo que a regra atual já prevalecia. Poucas espécies viveram por aqui.

As futuras terras argentinas estavam próximas do oceano Pacífico e mares continentais a invadiam, trazendo umidade, de modo que a vegetação podia alimentar a diversificada fauna de herbívoros, e estes, os carnívoros. Lá viveram *Giganotosaurus* e *Argentinosaurus*, a maior dupla presa-predador conhecida no mundo, com respectivamente 13 e 40 m de comprimento. Considerando somente as rochas de idade Cretácea, cerca de cem espécies já foram descritas na Argentina, ao passo que, no Brasil, alguns anos se passarão até que cheguemos a trinta.

ESQUELETOS NO DESERTO

Se no passado o clima fez diferença, atualmente não deixa por menos em se tratando de esqueletos de dinossauros. Como vimos, a Argentina está sob clima desértico, o que deixa as rochas sempre nuas e aparentes. Embora os dinossauros gostassem de viver em terras úmidas e vegetadas, a maioria dos seus esqueletos é hoje encontrada nas regiões secas do mundo.

Assim, se quiser encontrar esqueletos de dinossauros, é melhor viajar para as regiões áridas ou desérticas onde rochas da era Mesozoica estejam expostas. Quase a totalidade das 243 espécies conhecidas na América do Norte foram encontradas em rochas de clima semidesértico do meio-oeste dos Estados Unidos e Canadá. Das 348 espécies conhecidas na Ásia, a grande maioria vem dos desertos de Gobi, na China e Mongólia, e de Thar, na Índia, além de outras centenas de espécimes coletadas nos desertos do Tajiquistão, Uzbequistão e Quirguistão. Das 70 espécies conhecidas na África, mais da metade foi encontrada no Níger, Argélia, Marrocos e Egito, na grande região desértica do Saara. Por fim, das cerca de 140 espécies conhecidas na América do Sul, por volta de 110 foram retiradas das regiões desérticas na Patagônia argentina.

É também pelo clima atual, que favorece a formação de espessas camadas de solo e a instalação de florestas, que poucos dinossauros sobraram na superfície da rocha em terras brasileiras. Não temos desertos, temos florestas, e no passado tivemos desertos demais – neles, os dinossauros não gostavam muito de viver.

A VIDA COMO ELA FOI

Mas é claro que neste imenso país existiu ao menos um lugar onde dinossauros gostavam de viver. Sempre existe um refúgio, um oásis, e os animais sempre o encontram. Onde hoje fica o Maranhão, para nossa sorte, a crosta afundava durante o período Cretáceo, guardando sedimentos e ossos dos bichos que lá moravam 100 Ma atrás, quando a América do Sul já havia se separado da África. Nesse tempo, as fraturas do rompimento do Gondwana foram reativadas, provocando novamente o abatimento da crosta.

A bacia São Luís-Grajaú guarda um conjunto de rochas conhecidas como formações Itapecuru e Alcântara, onde fósseis de troncos, folhas e ramos indicam que, apesar da sequidão geral, aquelas terras já recebiam alguma umidade do jovem Atlântico e estavam cobertas com vegetação de grande porte, que atraía a fauna cretácea sul-americana. Nas águas havia grande diversidade de peixes, além de tartarugas, plesiossauros e mosassauros. Em terra firme, além dos restos de crocodilos e pterossauros, dentes, vértebras, fragmentos de ossos e pegadas de dinossauros estão hoje dispersas por uma imensa região, nos dando a certeza de que, naquele período, o Maranhão era o lugar preferido dos dinossauros em terras brasileiras.

Esses animais viviam praticamente na praia, em uma grande área coberta por rios e lagos. Pouco mais tarde, um grande estuário se estabeleceu, misturando as correntes dos rios e das marés, águas doces e salgadas, em mais um santuário petrificado da vida pré-histórica brasileira que a geologia guardou. A umidade favorecia o desenvolvimento de vegetação como em nenhuma outra região da pré-história brasileira da mesma época, e por isso muitos bichos foram viver por lá. Para mencionar apenas os dinossauros, restos de possíveis ornitísquios adrossaurídeos, terópodes troodontídeos, deinonicossauros, dromeossaurídeos 🔲, velociraptorídeos, gigantes carcarodontossaurídeos e espinossaurídeos, além de saurópodes titanossaurídeos e diplodocídeos – *Amazonsaurus* 🔲 –, já foram retirados de rochas na costa maranhense.

Mas, se por um lado, a proximidade com o mar favorecia a umidade, e esta, a presença de florestas que promoviam a suntuosa diversidade, por outro, as cercanias marinhas ofereciam chances miseráveis de fossilização, em outro exemplo de "parte ruim da coisa boa".

O MILAGRE DA FOSSILIZAÇÃO

Não é tão fácil ser fossilizado. Na verdade, é muito difícil produzir um fóssil e, dependendo do local, é quase um milagre. É muito mais fácil destruir um osso que preservá-lo. Além disso, não é para qualquer um. O animal precisa ter partes duras, como ossos ou conchas, deve viver e morrer no lugar certo e, depois de morto, precisa ser rapidamente recoberto por lama, areia ou outra coisa qualquer que o proteja. Quanto mais tempo ele ficar exposto, menores serão suas chances de preservação. Sem a cobertura, o sol, a água, o oxigênio, os bichos que comem bichos mortos, as correntes de água e o vento podem destruí-lo completamente e, sem deixar vestígios, o bicho é apagado, vira sedimento.

A crosta na região do Maranhão afundava em meados do Cretáceo, recebendo sedimentos que se empilhavam e protegiam os fósseis – a primeira e fundamental condição para que um organismo seja fossilizado.

No entanto, antes que a proteção aconteça, pode existir um intervalo que submeterá os restos de esqueletos a eventos que poderão ou não destruí-los, um tempo entre a morte do animal e o soterramento final da sua carcaça pelos sedimentos.

De fato, a duração dessa fase pode ser igual a zero se o evento que matou o animal foi o mesmo que o recobriu, como no caso de animais soterrados nas tocas onde viviam. No entanto, o tempo entre a morte e o soterramento pode ser longo, prolongando-se por dias, semanas ou anos. Nesse intervalo muita coisa pode acontecer, e restará apenas o pó da vida.

O paraíso infernal – Enquanto a vida se desenvolvia de forma exuberante neste éden pré-histórico, a fúria das águas marinhas periodicamente invadia a região, transformando-a em um verdadeiro hades, retrabalhando e destruindo completamente os ossos e outros vestígios deixados pela vida. Dos cacos que restaram naqueles sedimentos, os paleontólogos já identificaram dezenas de animais e plantas, além de tantos dinossauros diferentes quanto os que conhecemos em todo o restante do Brasil. Porém, como seus restos fossilizados estão sempre muito fragmentados, nem sempre é possível saber a quais dinossauros pertenceram. Nesta cena, vemos uma imensa região estuarina 100 Ma atrás, cujas águas impiedosamente retrabalharam os esqueletos da vida que ali floresceu. Abaixo, à direita, um casal de espinossaurídeos, *Oxalaia quilombensis*, nosso maior dinossauro carnívoro, semiaquático, vasculha as águas em busca da sua mais forte aspiração: grandes peixes. No centro, abaixo, dois jovens dinossauros carcarodontossaurídeos importunam grandes titanossauros na tentativa de sequestrar o pequeno e único filhote que a manada conseguiu poupar aquele ano. Enantiornites (linhagem de aves já extinta) e pterossauros tapejarídeos dividem pacificamente os ares. Junto à linha de costa, nos bancos de sedimentos mais elevados e estáveis, milhares de pterossauros nidificam durante a primavera cretácea. Nesse ambiente se depositaram os sedimentos que deram origem às rochas da formação Alcântara, bacia de São Luis-Grajaú, no período Cretáceo, 100 Ma atrás, hoje expostas na baía de São Marcos, próxima à capital São Luís, no litoral do estado do Maranhão, também hoje uma grande região estuarina.

A oxidação pode destruir quase tudo, das frutas aos metais, do concreto à borracha, da carne ao osso. O oxigênio é reativo demais e se liga facilmente a quase qualquer coisa, desmanchando quase tudo. Em poucos anos de exposição, a carcaça de um animal simplesmente se desfaz.

Mas muito mais que isso pode ocorrer. Bactérias atacarão as partes moles, liberando ácidos que promoverão a dissolução de parte da carcaça. Animais carniceiros removerão os tecidos, promovendo a desarticulação e dispersão do esqueleto. Outros roerão os ossos em busca do cálcio, e gigantes os pisotearão, arrebentando tudo. Variações de temperatura e umidade produzirão trincas, e correntes de água poderão transportá-los por quilômetros, separando, quebrando e desgastando os ossos completamente. E já era, ao pó retornou.

No santuário Alcântara-Itapecuru sobraram apenas fragmentos, pois algo terrível para os esqueletos ocorria por lá. A proximidade com o mar deixava-os à mercê do vai e vem das marés, o que reduziu aquela admirável diversidade de espécies a um amontoado de fragmentos quase irreconhecíveis. Resistiram os dentes, duros e numerosos, vértebras e pedaços de ossos aqui e ali.

Como se não bastasse, e como se a Terra não quisesse mostrar os vestígios da vida daquele tempo, as rochas contendo os fósseis afloram hoje na baía de São Marcos, um estuário onde o mar adentra o rio em violentas pororocas, na maior amplitude de maré do Brasil, arrancando das rochas e destruindo ainda mais os fragmentos de ossos que restaram.

Aqueles restos chegaram ao limite. Mais alguns milhares de anos naquele vai e vem infernal e as rochas contendo os fósseis desapareceriam para sempre. Não saberíamos que dinossauros, pterossauros, crocodilos e muitos outros bichos viveram por lá no passado profundo, e não haveria pré-história para contar. Os paleontólogos do Laboratório de Biologia da Universidade Federal do Maranhão, em São Luís, nos têm revelado boa parte das espécies dos admiráveis monstros que habitaram aquela região pouco mais de 100 Ma atrás. Eles ainda nos trarão muitas outras criaturas, incluindo novas espécies de dinossauros que jamais pensaríamos terem andado por aqui.

CARA DE UM, FOCINHO DO OUTRO

Ainda que aos pedaços, existe uma particularidade notável nos fósseis encontrados no Maranhão. O conjunto de dinossauros lá descoberto se parece demais com vários dinossauros encontrados nos desertos do norte da África. No tempo de Alcântara-Itapecuru já havia um oceano Atlântico com cerca de 700 km de largura e o trânsito de dinossauros entre os dois continentes havia sido interrompido cerca de 25 Ma antes. A população ancestral foi rompida com a quebra dos continentes. Os ancestrais fossilizados podem ou não estar sob as rochas depositadas no tempo dos lagos e estuários que antecederam a fratura do Gondwana. Os paleontólogos é que vão nos dizer. A Terra se parte, a vida se divide com ela, mas assim como os contornos dos continentes nos mostram que um dia estiveram unidos, os "contornos" da morfologia dos dinossauros das duas regiões nos mostram que um dia estiveram unidos em uma mesma população ancestral.

Se tivessem uma máquina do tempo e pudessem escolher uma única vez, muitos paleontólogos voltariam à época dos dinossauros no pré-histórico Maranhão e conheceriam o maior dinossauro predador já encontrado no Brasil, o pescador *Oxalaia quilombensis*, que chegava a 13 m de comprimento.

DEVANEIOS SOBRE A HISTÓRIA LUNAR E A FOSSILIZAÇÃO DE UM DINOSSAURO

A Terra e a Lua nasceram praticamente juntas, cerca de 4,5 Ga atrás, após Theia, um planeta com o tamanho de Marte, chocar-se com outro planeta, Thelus, em um extraordinário impacto sideral. Parte de Theia foi engolida por Thelus, e essa união deu origem à Terra. Da colisão de astros que deixou fundidas as rochas do novo planeta, restam evidências por aqui nos 23,5° de inclinação do eixo terrestre e sua alta velocidade de rotação, que no equador é de 1.700 km/h – muito mais rápida que a de Mercúrio (de pouco mais de 10 km/h) e de Vênus (de 6 km/h, tão lenta que os dias em Vênus são mais longos que os anos contados pelas suas órbitas em torno do Sol). Vejam só, nascidos em Vênus fariam aniversário todos os dias. Vênus ainda gira no sentido oposto, e a comunidade astronômica está dividida para explicar o porquê: ou recebeu um forte impacto, passando a girar para o outro lado, ou o impacto em um dos seus polos o virou 180°, de modo que Vênus ainda gira no sentido original, só que de "cabeça para baixo".

As outras evidências da colisão de Theia e Thelus estão na Lua. Após o impacto, os quintilhões de toneladas de fragmentos arremessados ao espaço deram origem a um anel de detritos que em alguns milhões de anos se aglutinaram, dando origem à Lua – possivelmente a duas Luas, mas essa é outra história. As assinaturas isotópicas das rochas trazidas pelos astronautas são idênticas às encontradas nas rochas do manto terrestre.

No princípio a 16.000 km de distância da Terra, a Lua sempre teve grande influência na evolução biológica, impulsionando as marés e estressando a vida nas regiões costeiras. Por outro lado, os movimentos das massas de águas vagarosamente freiam a rotação terrestre em 1 segundo a cada 67 mil anos, e, como resultado, a Lua se afasta de nós anualmente cerca de 3,8 cm. Seus movimentos e sua proximidade sempre tiveram alguma influência nos rumos seguidos pela vida na Terra.

Nosso enorme satélite teve uma acanhada evolução geológica. 300 Ma após sua formação, entre 4,2 e 4 Ga atrás, em um intervalo conhecido como "intenso bombardeio tardio", milhões de impactos ocorreram na sua superfície, fundindo parte da sua crosta e produzindo as milhões de crateras e manchas vulcânicas que vemos ainda hoje na sua superfície. Posteriormente, pequenos derrames vulcânicos ocorreram aqui e ali. E foi só. Diferente da Terra, a Lua não possui um núcleo que irradia calor, fraturando e movendo sua crosta, arrebentando fissuras vulcânicas por onde magma e gases são expelidos, alimentando uma atmosfera que possa sustentar o calor, manter a água no estado líquido e a vida em sua superfície. Não. A Lua está praticamente intacta há bilhões de anos. Ela é vista hoje quase como sempre foi. Asteroides e pequenos fragmentos ainda caem por lá, mas isso não muda nada. Sua superfície é inóspita, fervente durante o dia e glacial nas noites, e, exceto pelas maravilhosas crateras, de geologia monótona, só é bela e romântica vista aqui da Terra.

Com uma superfície muito diferente da terrestre, sem tectônica de placas, sem água no estado líquido, sem oxigênio nem atmosfera, o que ocorreria se o corpo de um *Argentinosaurus* com 40 m de comprimento e 80 toneladas chegasse por lá em meados do período Cretáceo, 90 Ma atrás? O que observaríamos hoje? Um experimento como esse nunca será feito e, por isso, jamais saberemos exatamente o que aconteceria. No entanto, conhecendo os processos de fossilização aqui na Terra e algumas coisas sobre a Lua, podemos imaginar.

Diferente do que a maioria pensa, a Lua tem movimento de rotação, mas como é sincronizado com sua translação, ela sempre mostra a mesma face para a Terra – por isso achamos que ela não gira. Mas nosso satélite tem seus dias e noites. Cada dia lunar estende-se por quase 14 dias terrestres, aquecendo até 127°C objetos deixados na sua superfície. As noites correm por mais 14 dias terrestres, derrubando a temperatura 284°C, até -157°C. São 28 dias terrestres para completar um giro completo.

Durante o dia, o calor lunar ferveria as partes moles do cadáver de *Argentinosaurus*, desidratando-o completamente, vaporizando seu couro, órgãos e ossos, deixando-o parecido com um leitão esquecido no forno. A água, o dióxido de carbono, o metano, a amônia etc. seriam volatilizados e dispersos ao espaço, restando apenas a carcaça carbonizada. Sua aparência em poucas dezenas de anos seria como a de uma caveira esturricada sob um negro lençol coriáceo.

Em alguns milhares de anos, a expansão e retração da estrutura cristalina dos ossos causada pelas variações de temperatura provavelmente já teriam desmanchado o esqueleto. Uma fina camada de poeira e detritos levantados por impactos ocorridos na vizinhança cobriria a múmia carbonizada já quase desossada. A negra mancha desapareceria, restando apenas uma pequena elevação de contorno cadavérico com a forma de um imenso dinossauro. Mais alguns milhões de anos e restaria apenas uma elevação mínima isolada sob a poeira e os escombros decorrentes de milhares de outros impactos ocorridos desde o Cretáceo. Quem sabe? Possivelmente, pousaríamos nossa nave sobre ele e nem o perceberíamos, muito diferente do que vários de meus colegas responderam sem que tivessem o devido tempo para reflexão: que o esqueleto permaneceria intacto.

O ideal seria depositar o dinossauro no interior de alguma das profundas e escuras crateras localizadas nos polos lunares, onde a radiação solar nunca chega, e por isso são regiões sempre frias. A carcaça permaneceria perfeitamente conservada por milhões de anos sobre a superfície das águas lá congeladas há bilhões de anos. No interior das crateras polares, possivelmente o local mais frio do Sistema Solar, a temperatura é ainda mais baixa: cerca de -238°C. Tudo se conservaria congelado.

O ambiente lunar, fora das escuras crateras, destruiu quase inteiramente os restos do dinossauro. Ele só não desapareceria completamente porque na Lua não há ventos e rios que espalhariam seus restos miseráveis pela superfície. Apesar de toda a dinâmica da crosta terrestre, exceto pelo ambiente das crateras polares da Lua, restos de dinossauros ficam mais bem conservados por aqui ❶. No entanto, próximos da superfície, não resistiriam à erosão por mais alguns milhões de anos. Já na Lua, o que restaria do dinossauro na superfície ou na cratera ficaria guardado por mais alguns bilhões de anos, até que um grande asteroide o acertasse em cheio, destruindo-o completamente.

> **O MILAGRE DA FOSSILIZAÇÃO**
> 👁
> página 201

O FINAL DA ERA MESOZOICA

Após a separação da América do Sul e África, 120 Ma atrás, a proximidade das águas do novo oceano permitiu que alguma umidade adentrasse as terras brasileiras, encerrando, junto com o grande vulcanismo, o longo período de desertos onde secaram milhões de almas pré-históricas. Mas não era muita, pois a serra da Mantiqueira já funcionava como um obstáculo para as massas de ar úmido provenientes do oceano, e do oeste, os ventos do Pacífico não chegavam até aqui.

Esse tempo deixou registrada nas regiões Sudeste, Sul e Centro-Oeste do Brasil, nas rochas do grupo Bauru, uma sucessão de camadas de sedimentos com 700 m de espessura depositadas na parte superior do Cretáceo, entre 90 e 66 Ma atrás. Uma mistura de sedimentos compostos por areia, lama e solos fossilizados, com pouquíssimos fósseis de plantas e animais aquáticos, indica que uma miscelânea de desertos, rios entrelaçados, lagos temporários e raros pantanais existiram por uma ampla região sob um clima semi-árido durante os últimos 25 Ma da era Mesozoica.

Era o Cretáceo e, claro, os dinossauros sobreviviam por oásis aqui e ali. Em sua maioria eram pequenos titanossaurídeos, constantemente importunados por dinossauros abelissaurídeos e maniraptores, todos muito característicos da América do Sul. Mas, naquele tempo, especialmente em terrenos hoje brasileiros, não havia apenas dinossauros. Arcossauros crurotársios sobreviventes rivalizavam com os dinossauros predadores por espaço e alimento em nossa sequidão pré-histórica.

O REINO DOS CROCODILOS

Por quase 40 Ma, durante a metade final do período Cretáceo, crocodilos terrestres experimentavam nestas terras notável disparidade morfológica e grande diversidade de espécies, com modos e ambientes de vida completamente diferentes dos ocupados por seus parentes semiaquáticos atuais. Seus esqueletos fossilizados são encontrados em todo o Brasil e nos mostram que, diferente do retrato morfológico monótono atual – jacarés e crocodilos são todos muito parecidos –, a evolução já foi mais generosa com eles, especialmente durante o Cretáceo, sobretudo em terras hoje brasileiras.

Esses antigos crocodilos terrestres tinham várias adaptações que indicam que levavam a vida preferencialmente fora da água. Diferente dos crocodilos atuais, as narinas estavam localizadas na extremidade do focinho, e não no topo. Os olhos estavam nas laterais da cabeça, e não no alto, e os quatro membros se posicionavam quase completamente sob o corpo, dando a esses animais as várias vantagens da postura semiereta[8]. Andavam por campos, matas e nas águas, como onças reptilianas caçando uns aos outros, dinossauros, tartarugas e outros bichos.

No Brasil são conhecidas cerca de 23 espécies fósseis, o mesmo número de espécies de crocodilos ainda viventes conhecido no mundo atualmente e de dinossauros conhecidos no Brasil. Muitos deles eram grandes hipercarnívoros cursoriais, isto é, corredores sedentos por carne, assim como os dinossauros terópodes. Alguns chegavam a 3 m de comprimento e perseguiam, atacavam e feriam outros animais, assim como fazem hoje os grandes felinos. Outros eram pequeninos, carnívoros, herbívoros ou onívoros. Com o que conhecemos hoje a respeito dos crocodilos, e pela fama que têm, imaginá-los vegetarianos é algo impensável. Privilégio do registro paleontológico.

CAÇADORES DE DINOSSAUROS

Baurusuchus e *Uberabasuchus* foram dois grandes crocodilos terrestres caçadores. Chegavam a 3 m de comprimento e as cicatrizes musculares impressas em seus ossos indicam que eram fortes o bastante para atacar

---

8. A postura semiereta aqui não é semelhante à bípede comumente mencionada na evolução dos hominídeos. Ela se refere aos quatro membros alinhados, posicionados quase completamente sob o corpo.

grandes animais, incluindo dinossauros carnívoros ou mesmo os grandes herbívoros titanossaurídeos. A postura semiereta com as patas sob o corpo possibilitava que corressem como cães velozes, de modo que era difícil escapar de seus numerosos e longos dentes vampirescos. Aterrorizaram o mundo cretáceo por aqui, mas infelizmente ambos foram extintos.

Recentemente, paleontólogos brasileiros fizeram no noroeste do estado de São Paulo, em rochas da formação Adamantina com 70 Ma, a maior descoberta sobre crocodilos fósseis no Brasil.

página 242

Nessas rochas, cheias de esqueletos, outras quatro espécies de crocodilos já eram conhecidas: *Baurusuchus albertoi*, *Baurusuchus salgadoensis* 🅜, *Armadillosuchus arrudai* e outra com nome digno de um crocodilo do Cretáceo, *Gondwanasuchus scabrosus*. *Aspletosuchus sordidus* (*aspletos*, do grego insaciável, glutão; e *sordidus*, abominável – já explico o porquê do lindo nome) foi outro crocodilo terrestre, que atingia pouco mais de 2 m de comprimento. De rochas tão férteis em crocodilos fósseis, a quinta espécie não causaria tanta admiração, não fosse pela surpresa paleontológica ali escondida. Durante a preparação do seu esqueleto pela equipe de paleontólogos do Laboratório de Paleontologia da Universidade de São Paulo, em Ribeirão Preto, a lenta e minuciosa retirada de tudo que não era osso no grande bloco de arenito revelou restos de uma provável sexta espécie no interior do abdome do *Aspletosuchus*. Até então, nunca no mundo o fóssil de um crocodilo havia sido encontrado dentro de um fóssil de crocodilo. Três dentes e fragmentos de ossos do crânio mostraram tratar-se dos restos de um esfagessaurídeo que havia acabado de ser devorado – daí o nome, glutão. Embora seja fácil imaginar que crocodilos terrestres carnívoros devoravam uns aos outros, bem como qualquer outra coisa que se movesse e pudesse ser engolida, fósseis como esse são extremamente raros.

TOCA OU SEPULCRO?

Assim como alguns de seus parentes atuais, tais crocodilos se entocavam durante as longas estiagens anuais cretáceas, esperando as águas da época das chuvas que novamente trariam as presas para a temporada de caça. Por vezes, uma carga inesperada de sedimentos trazida por uma torrente precoce chegava às tocas, afogando o crocodilo em lama e areia, em um ótimo exemplo de como o comportamento de um animal também pode fazer a diferença no registro geológico que sua espécie deixará. Seus esqueletos são frequentemente encontrados na posição que ocupavam quando entocados, quase sempre inteiros e completamente articulados. Entocar aumentava grandemente a chance de fossilização, porque assumiam ainda em vida uma atitude protegida dentro do substrato e, como vimos, para quem queria ser fossilizado, proteção após a morte era fundamental. Uma forte chuva precoce ou temporã, e a toca era transformada em sepulcro. Dinossauros que viviam naquele mesmo ambiente não se entocavam, e por isso seus fósseis são quase sempre encontrados aos pedaços, dentes aqui, costelas quebradas ali, raramente com alguma porção ainda articulada. Se os dinossauros gostassem de se entocar, certamente muitas outras espécies brasileiras seriam conhecidas em nosso país.

De fato, existe uma única evidência de dinossauro de hábito fossorial, isto é, cavador de tocas: *Oryctodromeus*. Esse dinossauro ornitópode viveu na América do Norte durante a parte média do período Cretáceo. Seus restos e os de mais dois jovens da sua espécie foram encontrados na câmara terminal de um longo túnel que foi preenchido por sedimentos. Os ossos ainda articulados não podem ter sido transportados para a câmara simplesmente porque isso seria impossível em um túnel sinuoso, com 2 m de comprimento e sem saída. *Oryctodromeus* não tinha a aparência de uma toupeira ou um tatu, mas apresentava algumas adaptações que levaram os paleontólogos a acreditar que ele escavava para se abrigar e criar seus filhotes. Além de um robusto e pronunciado focinho, como é comum hoje em alguns animais escavadores modernos – eles usam o focinho ou bico para remover o sedimento desagregado –, os ossos que formavam seus ombros mostram cicatrizes musculares pronunciadas, típicas de animais cavadores. Por fim, as grandes órbitas deveriam acomodar grandes olhos, que sugerem hábitos noturnos, também muito comuns atualmente em animais fossoriais.

Uma situação semelhante à dos crocodilos cavadores de tocas é vista nas coleções de fósseis de hominídeos. Pela mesma razão – estavam dentro do substrato –, mas por motivo diferente – eram sepultados pelos seus

CENÁRIO 15
página 187

Toca ou sepulcro? – Durante as longas estiagens que ocorriam no semiárido cretáceo, 90 Ma atrás, crocodilos terrestres como *Amadillosuchus* se entocavam a fim de esperar a época em que a vida mais fácil voltava com as águas anuais. Concentradas em curtos períodos, como ocorre ainda hoje nas regiões de clima seco, as mesmas águas por vezes traziam grandes volumes de sedimentos em violentas trombas d'água. Nesta cena, alguns dias antes de despertar da sua longa letargia pré-histórica, *Armadillosuchus* é retratado alguns segundos antes da sua vida chegar ao fim. Sedimentos entulharão sua toca e o preservarão praticamente intacto por cerca de 90 Ma. As camadas vistas na seção de rocha escavada pelo crocodilo-tatu mostram as linhas de grandes seixos retrabalhados e depositados naquela região durante as tempestades dos anos anteriores. Nelas também podem ser vistas as conchas retrabalhadas e desarticuladas dos moluscos bivalves de água doce *Diplodon* e *Anodontites* – hoje estudadas por pesquisadores do Laboratório de Paleontologia de Macroinvertebrados da Universidade Estadual Paulista Júlio de Mesquita Filho, em Bauru –, bem como cascos de tartarugas *Roxochelys*, mortas na última refeição de outros crocodilos carnívoros que passaram por ali. Nesse ambiente se depositaram os sedimentos que deram origem ás rochas da formação Adamantina, bacia Bauru, no período Cretáceo, 90 Ma atrás (hoje expostas em várias localidades nas regiões Sudeste e Centro-Oeste do Brasil). O esqueleto de *Armadillosuchus* foi encontrado em rochas na região da cidade de General Salgado, no interior do estado de São Paulo.

parentes –, esqueletos de homens de Neandertal multiplicam em número assim que a espécie apareceu na Europa, mas não porque se entocavam.

Fósseis de hominídeos que nos contam a história evolutiva dos seres humanos são raríssimos na África em rochas entre 7 e 1 Ma de idade. É assim simplesmente porque nossos ancestrais não viviam em ambientes ou tinham modos de vida que favorecessem sua preservação. É possível acomodar em uma perua Kombi (já extinta) toda a coleção de fósseis de hominídeos extintos já encontrados – desde *Sahelanthropus*, o macaco humano mais antigo descoberto no Chade em sedimentos com 7 Ma, passando pelas várias espécies de australopitecíneos e *Homo* até 300 mil anos atrás. No entanto, por volta dessa época, um novo hábito se estabeleceu entre os humanos. *Homo neanderthalensis* passou a enterrar seus mortos. A partir de então, seus esqueletos tornam-se muito comuns no registro geológico. A nova emoção humana levou os neandertais a proteger os corpos dos entes queridos, turbinando a chance de preservação dos seus esqueletos. Proteção é sempre fundamental, tanto faz se em uma toca ou em um sepulcro no interior de uma caverna.

Mas falávamos de crocodilos.

Crocodilos esfagessaurídeos, como aquela pequena vítima com 60 cm de comprimento encontrada na barriga de *Aspletosuchus*, infestavam o Gondwana durante o final do período Cretáceo. Outras espécies já haviam sido descobertas nas mesmas rochas, tais como *Caipirasuchus paulistanus*, *Sphagesaurus*, *Armadillosuchus* e *Adamantisuchus*, todos com peculiaridades que levaram os paleontólogos a suspeitar que esses animais ocupavam o espaço ecológico dos mamíferos durante o Cretáceo, não permitindo que estes se diversificassem em nossas terras.

CROCODILOS MAMALIFORMES

Comumente encontrados fossilizados em suas tocas, alguns crocodilos menores como esfagessaurídeos, notosuquídeos e baurusuquídeos são para nós mais um exemplo de que, sem seus fósseis, jamais imaginaríamos um dia terem existido.

Morrinhosuchus, Mariliasuchus, Adamantisuchus e *Campinasuchus*, dentre outros, viveram em nossas terras cretáceas perto do final da era Mesozoica. Menores que 1 m de comprimento, tinham crânio curto e, na boca, além dos longos dentes caninos projetados, molares bulbosos esmagatórios que os capacitavam à tarefa que hoje nenhum crocodilo é capaz de realizar: mastigar o alimento. Um crocodilo mastigando o alimento, pense bem! Outros tinham grandes órbitas, nas quais olhos arregalados se abriam na noite para procurar insetos e pequenos vertebrados. Havia até aqueles que se deliciavam com frutas e sementes como complemento alimentar. Difícil de imaginar. *Armadillosuchus* foi ainda mais longe. Possuía sobre a cabeça e o pescoço uma carapaça composta por placas ósseas hexagonais, presentes também sobre o corpo, organizadas em faixas que possibilitavam sua mobilidade. Além disso, fortes garras nas patas dianteiras indicam que eram capazes de escavar. Era um crocodilo-tatu, provavelmente um crocodilo-bola. *Armadillosuchus* foi descoberto pela equipe de paleontólogos do excelente Museu de Paleontologia de Monte Alto, que já nos presenteou com diversos crocodilos fósseis, vários deles estudados por paleontólogos do Instituto de Geociências da Universidade Federal do Rio de Janeiro.

Tais crocodilos terrestres assumiram parte da anatomia e dos hábitos dos mamíferos, tomando os ambientes sul-americanos do final da era Mesozoica antes que os mamíferos tivessem sua propriedade. Fósseis de mamíferos são praticamente inexistentes na América do Sul em rochas do período Cretáceo, por isso pouco falamos deles até aqui. Pegadas atribuídas a pequenos mamíferos aparecem preservadas nas areias do grande deserto Botucatu, curiosamente onde nunca uma pegada de crocodilo foi encontrada.

Era o reinado dos crocodilos, e há quem acredite que até mesmo alguns dinossauros estavam sujeitos a eles.

Como vimos no caso dos golfinhos, que repetiram os ictiossauros na forma e no modo de vida, a evolução repetiu a anatomia mais uma vez entre répteis e mamíferos.

Mas a grande vocação dos crocodilos para a vida aquática não foi abandonada durante a era Mesozoica. Desde o período Jurássico médio eles já antecipavam os golfinhos na forma de grandes predadores marinhos, como o *Torvoneustes*, *Plesiosuchus* e, já no Cretáceo, *Dakosaurus*.

Recentemente, foram encontrados nas gavetas de um museu escocês os ossos do maior e mais antigo crocodilo marinho. Estavam lá esquecidos há mais de cem anos! Os paleontólogos o chamaram de *Tyrannoneustes*. Ele viveu há 165 Ma e chegava a 9 m de comprimento!

Os crocodilos já foram muito mais diversificados e estiveram em muitos outros nichos além dos dois ou três ocupados pelas 23 espécies atuais. Eles também conquistaram o ambiente marinho, coisa que os dinossauros nunca foram capazes de fazer durante a era Mesozoica. Como temos poucos depósitos marinhos mesozoicos em nossas terras, provavelmente nunca encontraremos crocodilos de água salgada por aqui. No entanto, nossos crocodilos terrestres ainda darão muito o que falar.

Essa fauna viu o fim da era Mesozoica chegar com a queda do grande asteroide. Como a maioria das linhagens de dinossauros, além de todos os pterossauros, mosassauros e plesiossauros, os crocodilos terrestres e marinhos deixaram somente restos fósseis, e é isso que temos para conhecê-los e aprender sobre eles, entender como viviam e por que desapareceram.

O LABIRINTO GLOBAL

Atualmente, em todo o mundo – e também no espaço –, muitos projetos estão em andamento em observatórios astronômicos à procura de possíveis planetas habitáveis fora do Sistema Solar. Até janeiro de 2015, a Nasa listava como oficialmente confirmados 1.795 exoplanetas orbitando outras estrelas da Via Láctea. Destes, 62 estão posicionados entre os limites das zonas habitáveis dos sistemas estelares em que se encontram, regiões do espaço capazes de acolher a vida como a conhecemos por aqui. Pouco mais de 4 mil outros já foram descobertos pelo telescópio espacial Kepler, mas ainda aguardam confirmação. E esse número não para de crescer, junto com novos projetos e sofisticados telescópios espaciais. Estimativas indicam que, somente na nossa galáxia, devem existir cerca de 160 bilhões de exoplanetas. Em 2018 será lançado o sucessor do Hubble, o telescópio espacial James Webb, com um espelho cinco vezes maior, que o torna centenas de vezes mais poderoso que seu antecessor. Embora seu objetivo principal não seja encontrar exoplanetas, outros milhares certamente serão descobertos.

Além do estímulo ao desenvolvimento de novas fronteiras para a ciência, o motivo de tanto esforço e investimento é a busca por regiões habitáveis fora do Sistema Solar, e nelas, sinais de vida extraterrestre. Embora até recentemente esse tema ocupasse um alto posto na escala de assuntos de ficção científica, hoje não é mais assim. Procurar por sinais de vida fora da Terra já é ciência para lá de séria. Se elementos químicos como carbono, hidrogênio, oxigênio, nitrogênio, fósforo, enxofre (CHONPS) e outras duas dúzias, além de moléculas como água e açúcares, estão entre os fatores determinantes na origem e manutenção da vida, não há razões para duvidarmos da sua existência em planetas posicionados nas zonas habitáveis de outros sistemas estelares, ainda que somente na forma mais simples que conhecemos – a das bactérias.

Dentre muitas razões, procuramos por esses sinais porque temos uma inquietação com respeito ao futuro, quanto a tópicos como superpopulação, degradação dos ecossistemas, esgotamento dos recursos etc. São esses os filtros que construímos ao longo do tempo de modo quase irresponsável, e que poderão reter a continuidade da nossa própria existência. Desconhecemos o futuro, tememos não sobreviver a nós mesmos, e por isso procuramos possíveis saídas.

Se isso é verdadeiro, o ideal é que cuidemos bem do que temos nas mãos agora, tesouros como o solo, a água e o ar, e que tomemos atitudes de acordo com o que aprendemos estudando a vida em seu estado atual, assim como seus vestígios deixados na Pré-História profunda. Se, por um lado, parecemos perscrutar o futuro ao esquadrinhar outros mundos em busca de sinais de vida, é irônico que, quando os observamos, o que vemos, de fato, aconteceu muito tempo atrás. Centenas ou milhares de anos transcorreram até que a luz emitida pelas estrelas que acolhem exoplanetas habitáveis chegasse até nós. No caso de estrelas em outras galáxias, milhões, centenas de milhões ou até bilhões de anos se passaram, por isso as vemos hoje com a aparência que tinham quando a vida ainda nascia aqui na Terra, quando evoluíam os primeiros animais, quando os continentes estavam reunidos no Pangea, no tempo dos primeiros dinossauros, ou quando as várias catástrofes globais aniquilavam a vida. Jamais observamos o futuro simplesmente porque ele ainda não aconteceu. Tudo o que exploramos, seja nas rochas ou na imensidão do universo, já é passado, e é isso o que temos para estudar e aprender.

Entretanto, se por um lado estamos no futuro de eras que se foram, também agora estamos no passado de um tempo que virá. Se estudando a pré-história preservada nas rochas e na luz das estrelas podemos compreender parte do mundo e do universo atuais, é também por meio dela que podemos imaginar o futuro do grande labirinto no qual ainda evoluímos. Como vimos, foi estudando a pré-história que chegamos às hipóteses de como a tectônica global transformará a geografia dos continentes centenas de milhões de anos à nossa frente, e o que os bilhões de anos futuros reservam para o nosso Sol.

Além disso, ao menos até os limites do conhecimento que já acumulamos sobre o universo, nossa única certeza é que a vida aconteceu somente na Terra. Portanto, para se conhecer a história da vida e presumir seu futuro, só mesmo com base no estudo do que temos por aqui. Diferente de outros planetas e luas do Sistema Solar, a Terra, logo duas ou três centenas de milhões de anos após a sua formação, já proporcionava ambiente favorável ao desenvolvimento da vida.

Enquanto a evolução biológica primordial acontecia nos oceanos primitivos, pela nossa vizinhança sideral, os outros três planetas rochosos e a Lua já agonizavam em suas órbitas. Por diferentes razões, como o pequeno tamanho de alguns, a curta ou longa distância do Sol e a redução ou extinção da atividade geológica de outros, esses mundos perderam a atmosfera que tinham ou as tornaram insuportavelmente densas, congelando ou torrando suas superfícies na escuridão do espaço. Embora moribundos, ou então já mortos, sempre foram importantes no desenvolvimento da vida por aqui. Nestes bilhões de anos, compuseram a rede gravitacional que manteve a Terra na sua posição privilegiada dentro da zona habitável do Sistema Solar. Além disso, diferente de Mercúrio, Vênus, Marte e da Lua, a Terra preserva desde o seu nascimento suas profundas fornalhas acesas, mantendo sua geologia viva, sustentando uma atmosfera adequada para a manutenção de oceanos e, neles, a vida que a transforma.

Desde então, o metabolismo vital microscópico energizou a superfície terrestre, transformando a química da crosta, das águas e dos ares. A vida possibilitou a formação das rochas que deram origem à crosta continental, modificou a composição da atmosfera, enchendo-a com oxigênio, e colonizou as águas e a parte seca dos continentes. E transformou a si mesma, assumindo dezenas de milhões de configurações distintas, das microscópicas unicelulares às gigantes multicelulares, em uma quase infinita folha de formas, hábitos, parcerias, cores, aromas e temperamentos. Não tivesse a vida se originado e evoluído, este seria um planeta completamente diferente, seguramente mais uma desolação espacial.

E a vida não apenas existiu. Em uma primorosa parceria planetária, deixou um extenso e variado registro geológico na forma de objetos que hoje somos capazes de retirar das rochas e estudar: os fósseis. Com eles compreendemos boa parte dos saltos e quedas que a vida experimentou até este tempo pelos corredores e salões do grandioso labirinto geográfico-temporal de 4,5 bilhões de anos. Como um lavrador que prepara e cuida do seu campo a fim de extrair dele riquezas, a vida parece ter lavrado a superfície terrestre a fim de prepará-la para si e ocupá-la completamente. Mas não foi assim. Ninguém cuidou de ninguém. A Terra e a vida jamais se envolveram "amorosamente", como um lavrador que ama sua terra. Não. A parceria ocorreu cegamente, sem projetos, acordos, acertos ou comprometimentos. No entanto, de um denso manto de irreverências que pareceu governar toda a Terra desde sua origem, floresceu uma harmonia admirável e permanente, difícil de compreender, tanto que ainda é capaz de levar muitos a desconfiarem que alguma força sobrenatural está por trás de tudo. A vida se ajustou à lentidão geológica, tornando-se capaz de evoluir e de se adaptar às vagarosas porém radicais mudanças ocorridas na geografia, nas águas, nas rochas, no clima, na química e no ar.

Parte de tudo isso está armazenada em nossa pré-história. De rochas brasileiras temos retirado os fragmentos da longa jornada da vida e da Terra, desde quando bactérias oxigenaram as águas e a atmosfera primitiva, quando a multicelularidade semeou a vida visível, quando o impacto de asteroides e intermináveis vulcanismos quase a extinguiu, – para que logo ressuscitasse ainda mais vigorosa –, quando desertos que abrigaram dinossauros foram transformados em grandes reservatórios de água doce, quando os maiores predadores que já existiram caçaram por aqui.

Ao contrário do que planejei para o final deste livro, não deixaremos os corredores e salões do grande edifício, pois seu tempo e espaço ainda neste momento estão em construção no enorme território brasileiro. À nossa volta, a geologia e a vida prosseguem na edificação do labirinto global, independente do modo como cuidamos dos espaços que ocupamos desde o nosso aparecimento há 190 mil anos. Se no futuro sobreviveremos ou não às mudanças que estamos impondo à atmosfera, às águas e ao solo, é difícil saber. No entanto, bilhões de anos se passaram, deixando registros nas rochas e nas estrelas, e com eles temos muito a aprender. O tempo não para para ninguém. O conhecimento da pré-história pode iluminar nosso futuro, mas se não o possuirmos, seguiremos tateando na escuridão.

AGRADECIMENTOS

Meus agradecimentos aos amigos e colegas que me socorreram enquanto escrevia este livro, esclarecendo minhas dúvidas, me ensinando geologia e paleontologia, sempre me encorajando a prosseguir. Os geólogos Fábio Ramos Dias de Andrade e Andrea Bartorelli gentilmente leram as mais de cem páginas do manuscrito original, indicaram erros e imprecisões e sugeriram inserções que enriqueceram grandemente o conteúdo desta obra. O geólogo Renato Paes de Almeida acompanhou a construção da maioria das ilustrações, e reforçou minhas convicções com cada cenário reconstruído, muitos deles imaginados e ilustrados pela primeira vez. O paleontólogo Paulo Oliveira me auxiliou com as espécies vegetais aqui ilustradas. O paleontólogo e amigo Thomas Rich Fairchild me doou seu tempo em incontáveis discussões paleontológicas nos corredores do Instituto de Geociências, e também seu carro, que facilitou muito a minha vida ao longo desses três anos. À minha companheira de aventuras na pré-história, Celina Bodenmüller, agora também autora de livros infantis sobre dinossauros, por me ajudar a manter acesa a chama da alegria que é escrever. Ao meu amigo Robert Lawrence Peck (Bob), químico e paleontólogo que me convidou a realizar a sexta revisão deste livro no calor da sua casa em uma fazenda na Virgínia Ocidental, EUA, enquanto meus filhos estudavam violão e contrabaixo, ou se aventuravam pelos bosques a -10ºC. Dedico mais do que um agradecimento ao paleoartista Júlio Lacerda, que durante meses atendeu pacientemente meus pedidos de construção, correção, revisão, acertos e detalhamentos das imagens aqui ilustradas. A ele o meu sincero louvor. Agradeço também a muitos amigos e colegas geólogos professores do Instituto de Geociências da Universidade de São Paulo, que durante todos esses anos me mostraram a paixão e admiração que têm pelas geociências, e me foram exemplo de dedicação e inspiração para escrever sobre a história da Terra e da vida. Com os alunos de pós-graduação e graduação em Geologia e Biologia, nestes vinte anos, compartilhei a alegria do meu conhecimento e entusiasmo pela maravilhosa ciência da Paleontologia. Por causa deles aprendi a estudar, e por isso declaro a eles a minha imensa gratidão. Agradeço também a todos os funcionários do Instituto de Geociências, que me possibilitaram viver em um ambiente divertido, saudável e eficiente.

ABDALA, F.; RIBEIRO, A. M. A new traversodontid cynodont from the Santa Maria Formation (Ladinian-Carnian) of southern Brazil, with a phylogenetic analysis of Gondwanan traversodontids. **Zoological Journal of the Linnean Society,** Hoboken, v. 139, p. 529-545, 2003.

ALVARENGA, H. A fossil screamer (Anseriformes: Anhimidae) from the middle tertiary of Southeastern Brazil. In: Olson, S. L. (Org.). **Avian Paleontology at the close of the 20th Century:** Proceedings of the 4th International Meeting of the Society of Avian Paleontology and Evolution. Washington, D.C.: Smithsonian Contributions to Paleobiology, 1999.

_____. Flamingos fósseis da Bacia de Taubaté, Estado de São Paulo, Brasil: descrição de nova espécie. **Anais da Academia Brasileira de Ciências,** Rio de Janeiro, v. 62, n. 4, p. 335-345, 1990.

_____. *Paraphysornis* novo gênero para *Physornis brasiliensis* Alvarenga, 1982 (Aves: Phorusrhacidae). **Anais da Academia Brasileira de Ciências,** Rio de Janeiro, v. 65, n. 4, p. 403-406, 1993.

_____. Uma gigantesca ave fóssil do Cenozoico brasileiro: *Physornis brasiliensis* sp. n. **Anais da Academia Brasileira de Ciências,** Rio de Janeiro, v. 54, n. 4, p. 697-712, 1982.

ALVAREZ, L. W.; ALVAREZ, W.; ASARO, F.; MICHEL, H. V. Extraterrestrial cause for the Cretaceous–Tertiary extinction. **Science,** New York, v. 208, n. 4.448, p. 1095-1108, 1980.

ANELLI, L. E. **Dinos do Brasil.** São Paulo: Peirópolis, 2011. 84 p.

_____. **Evolução dos bichos.** São Paulo: Oficina de Textos, 2007. 60 p.

_____. **O guia completo dos dinossauros do Brasil.** São Paulo: Peirópolis, 2010. 222 p.

ANGST, D.; LÉCUYER, C.; AMIOT, R.; BUFFETAUT, E.; FOUREL, F.; MARTINEAU, F.; LEGENDRE, S.; ABOURACHID A.; HERREL A. Isotopic and anatomical evidence of an herbivorous diet in the Early Tertiary giant bird Gastornis. Implications for the structure of Paleocene terrestrial ecosystems. **Naturwissenschaften,** Berlin, v. 101, n. 4, p. 313-322, 2014.

BARRETT, P. M.; WILLIS, K. J. Did dinosaurs invent flowers? Dinosaur-angiosperm coevolution revisited. **Biological Reviews of the Cambridge Philosophical Society,** Cambridge (UK), v. 76, n. 3, p. 411-447, 2001.

BENTON, M. J. **Paleontologia dos vertebrados.** São Paulo: Atheneu, 2008. 446 p.

_____; FORTH, J.; LANGER, M. C. Models for the rise of the dinosaurs. **Current Biology,** Cambridge, v. 24, n. 2, p. R87-R95, 2014.

_____; HARPER, D. A. T. **Introduction to paleobiology and the fossil record.** Hoboken: Wiley-Blackwell, 2009. 608 p.

BITTENCOURT, J. S.; LANGER, M. C. Mesozoic dinosaurs from Brazil and their biogeographic implications. **Anais da Academia Brasileira de Ciências,** Rio de Janeiro, v. 83, p. 23-60, 2011.

BIZZI, L. A.; SCHOBBENHAUS, C.; VIDOTTI, R. M.; GONÇALVES, J. H. **Geologia, tectônica e recursos minerais do Brasil:** texto, mapas e SIG. Brasília: CPRM, 2003. 674 p. il. 1 DVD anexo.

BONAPARTE, J. F.; FERIGOLO, J.; RIBEIRO, A. M. A primitive Late Triassic 'ictidosaur' from Rio Grande do Sul, Brazil. **Palaeontology,** Hoboken, v. 44, n. 4, p. 623-635, 2001.

BUCHMANN, F. S. C.; LOPES, R. P.; CARON, F. Icnofósseis (paleotocas e crotovinas) atribuídos a mamíferos extintos no sudeste e sul do Brasil. **Revista Brasileira de Paleontologia,** Porto Alegre, v. 12, p. 247-256, 2009.

CANFIELD, D. *Oxygen:* **A four billion year history.** Princeton/Oxford: Princeton University Press, 2014. 216 p.

CARVALHO, I. S. **Paleontologia, conceitos e métodos.** 3. ed., v. 1. Rio de Janeiro: Interciência, 2004. 734 p.

_____; BORGHI, L.; LEONARDI, G. Preservation of dinosaur tracks induced by microbial mats in the Sousa Basin (Lower Cretaceous), Brazil. **Cretaceous Research,** Amsterdam, v. 44, p. 112-121, 2013.

COZZUOL, M. A. The Acre vertebrate fauna: age, diversity, and geography. **Journal of South American Earth Sciences,** Amsterdam, v. 21, p. 185-203, 2006.

ERWIN, D.; VALENTINE, J. **The Cambrian explosion:** the reconstruction of animal biodiversity. Greenwood Village: Robert & Company, 2013. 416 p.

FERNANDES, M. A.; FERNANDES, L. B. R; SOUTO, P. R. F. Occurrence of urolites related to dinosaurs in the Lower Cretaceous of the Botucatu Formation, Paraná Basin, São Paulo State, Brazil. **Revista Brasileira de Paleontologia,** Porto Alegre, v. 7, n. 2, p. 263-268, 2004.

FORTEY, R. **Survivors:** the animals and plants that time has left behind. London: Harper, 2011. 722 p.

FRANÇA, M. A. G.; FERIGOLO, J.; LANGER, M. C. Associated skeletons of a new middle Triassic "Rauisuchia" from Brazil. **Naturwissenschaften,** Berlin, v. 98, n. 5, p. 389-395, 2011.

FRANK, H. T.; LIMA, L. G.; GERHARD, N. P.; CARON, F.; BUCHMANN, F. S. C.; FORNARI, M.; LOPES, R. P. Description and interpretation of Cenozoic vertebrate ichnofossils in Rio Grande do Sul State, Brazil. **Revista Brasileira de Paleontologia,** Porto Alegre, v. 16, p. 83-96, 2013.

FRANK, H. T.; BUCHMANN, F. S. C.; LIMA, L. G.; CARON, F.; LOPES, R. P.; FORNARI, M. Karstic features generated from large palaeovertebrate tunnels in southern Brazil. **Espeleo-Tema,** São Paulo, v. 22, p. 139-153, 2011.

GODEFROIT, P.; SINITSA, S. M.; DHOUAILLY, D.; BOLOTSKY, Y. L.; SIZOV, A. V.; MCNAMARA, M. E.; BENTON, M. J.; SPAGNA, P. A Jurassic ornithischian dinosaur from Siberia with both feathers and scales. **Science,** New York, v. 345, n. 6.195, p. 451-455, 2014.

GODOY, P. L.; MONTEFELTRO, F. C.; NORELL, M. A.; LANGER, M. C. An additional Baurusuchid from the Cretaceous of Brazil with evidence of interspecific predation among Crocodyliformes. **PLoS ONE,** v. 9, n. 5, p. 1-12, 2014.

GOLDBLATT, C.; ZAHNLE, K. J.; SLEEP, N. H.; NISBET, E. G. The eons of chaos and hades. **Solid Earth,** Munich, v. 1, p. 1-3, 2010.

HARLAND, D.M. **The Earth in context:** a guide to the solar system. New York: Springer-Praxis, 2001. 450 p.

HASUI, Y; CARNEIRO, C. D. R.; ALMEIDA, F. F. M.; BARTORELLI, A. **Geologia do Brasil.** São Paulo: Oficina de Textos, 2012. 900 p.

HOORN, C; WESSELING, F. P.; GUERRERO, J. H. J. The development of the Amazonian Mega-Wetland (Miocene; Brazil, Colombia, Peru, Bolivia). In: HOORN; C.; WESSELINGH, F. P. (Org.). **Amazonia: landscape and species evolution:** a look into the past. Oxford: Blackwell, 2010. 464 p.

IORI, F. V.; CARVALHO, I. S. *Morrinhosuchus luziae*, um novo Crocodylomorpha Notosuchia da Bacia Bauru, Brasil. **Revista Brasileira de Geociências**, São Paulo, v. 39, n. 4, p. 717-725, 2009.

_____. *Caipirasuchus paulistanus*, a new sphagesaurid (Crocodylomorpha, Mesoeucrocodylia) from the Adamantina Formation (Upper Cretaceous, Turonian–Santonian), Bauru Basin, Brazil. **Journal of Vertebrate Paleontology,** Abingdon (UK), v. 31, n. 6, p. 1.255-1.264, 2011.

KASTING, J. **How to find a habitable planet.** Princeton/ Oxford: Princeton University Press, 2010. 360 p.

KELLNER, A. W. A.; AZEVEDO, S. A. K.; MACHADO, E. B.; CARVALHO, L. B.; HENRIQUES, D. D. R. Um novo dinossauro (Theropoda, Spinosauridae) a partir do Cretáceo (Cenomaniano) Formação Alcântara, Ilha do Cajual, Brasil. **Anais da Academia Brasileira de Ciências,** Rio de Janeiro, v. 83, n. 1, p. 99-108, 2011.

KELLNER, A. W. A.; CAMPOS, D. A. The function of the cranial crest and jaws of a unique pterosaur from the early Cretaceous of Brazil. **Science,** New York, v. 297, n. 5.580, p. 389-392, 2002.

LANGER, M. C.; BENTON, M. J. Early dinosaurs: a phylogenetic study. **Journal of Systematic Palaeontology,** Abingdon, v. 4, p. 1-50, 2006.

LANGER, M. C.; EZCURRA, M. D.; BITTENCOURT, J. S.; NOVAS, F.

E. The origin and early evolution of dinosaurs. **Biological Reviews,** Oxford, v. 85, n. 55-110, 2010.

LANGER, M. C.; RIBEIRO, A. M.; SCHULTZ, C. L.; FERIGOLO, J. The continental tetrapod-bearing Triassic of South Brazil. **Bulletin of the New Mexico Museum of Natural History and Science,** Albuquerque (USA), v. 41, p. 201-218, 2007.

LANGER, M. C.; NESBITT, S. J.; BITTENCOURT, J. S.; IRMIS, R. B. Non--dinosaurian Dinosauromorpha. **Geological Society of London** (special publication), London, v. 379, p. 157-186, 2013.

LANGMUIR, C. H.; BROECKER, W. **How to build a habitable planet:** the story of Earth from the Big Bang to humankind. Revised and expanded ed. Princeton/Oxford: Princeton University Press, 2013. 700 p.

LATRUBESSE, E. M.; SILVA, S. A. F.; COZZUOL, M.; ABSY, M. L. Late Miocene continental sedimentation in southwestern Amazonia and its regional significance: biotic and geological evidence. **Journal of South American Earth Sciences,** Amsterdam, v. 23, n. 1, p. 61-80, 2007.

LLOYD, G. T.; DAVIS, K. E.; PISANI, D.; TARVER, J. E.; RUTA, M., SAKAMOTO, M.; HGONE, D. W. E.; JENNINGS, R.; BENTON, M. J. Dinosaurs and the Cretaceous terrestrial revolution. **Proceedings of the Royal Society B: Biological Sciences,** London, v. 275, p. 2483-2490, 2008.

MANZIG, P. C.; KELLNER, A. W. A.; WEINSCHÜTZ, L. C.; FRAGOSO, C. E.; VEGA, C. S.; GUIMARÃES, G. B.; GODOY, L. C.; LICCARDO, A.; RICETTI, J. H. C.; MOURA, C. C. Discovery of a rare pterosaur bone bed in a Cretaceous desert with insights on ontogeny and behavior of flying reptiles. **PLoS ONE,** v. 9, n. 8, p. 1-10, 2014.

MASTROLORENZO, G.; PETRONE, P.; PAPPALARDO, L.; GUARINO, F. M. Lethal thermal impact at periphery of pyroclastic surges: evidences at Pompeii. **PLoS One,** v. 5, n. 6, p. 1-12, 2010.

MATTAR, L. C. B. Descrição osteológica do crânio e segunda vértebra cervical de *Barberenasuchus brasiliensis* Mattar, 1987 (Reptilia, Thecodontia) do Mesotriássico do Rio Grande do Sul, Brasil. **Anais da Academia Brasileira de Ciências,** Rio de Janeiro, v. 61, p. 319-333, 1987.

MEDEIROS, M. A.; LINDOSO, R. M.; MENDES, I. D.; CARVALHO, I. S. The Cretaceous (Cenomanian) continental record of the Laje do Coringa flagstone (Alcântara Formation), northeastern South America. **Journal of South American Earth Sciences,** Amsterdam, v. 53, p. 50-58, 2014.

MONTEFELTRO, F. C.; LARSSON, H. C. E.; DE FRANÇA, M. A. G.; LANGER, M. C. A new neosuchian with Asian affinities from the Jurassic of northeastern Brazil. **Naturwissenschaften,** Berlin, v. 100, n. 9, p. 835-841, 2013.

NOBRE, P. H.; CARVALHO, I. S. *Adamantinasuchus navae*: a new Gondwanan Crocodylomorpha (Mesoeucrocodylia) from the Late Cretaceous of Brazil. **Gondwana Research,** Amsterdam, v. 10, n. 3-4, p. 370-378, 2006.

OLSON, S. L.; ALVARENGA, H. M. F. A new genus of small teratorn from the Middle Tertiary of the Taubaté Basin, Brazil (Aves: Teratornithidae). **Proceedings of the Biological Society of Washington**, Washington, D.C., v. 115, n. 4, p. 701-705, 2002.

PIRES, E. F.; GUERRA-SOMMER, F.; SCHERER, C. M. S.; SANTOS, A. R.; CARDOSO, E. Early Cretaceous coniferous woods from a paleoerg (Paraná Basin, Brazil). **Journal of South American Earth Sciences,** Amsterdam, v. 32, n. 1, p. 96-109, 2011.

POPOVA, O. P. et al. Chelyabinsk Airburst, damage assessment, meteorite recovery and characterization. **Science**, New York, v. 342, n. 6.162, p. 1-16, 2013.

RIBEIRO G. R. **Avaliação morfológica, taxonômica e cronológica dos mamíferos fósseis da formação Tremembé (Bacia de Taubaté), Estado de São Paulo, Brasil.** Dissertação (Mestrado em Zoologia) – Instituto de Biociências, Universidade de São Paulo, São Paulo, 2010. 99 p.

SCHOPF, J. W. Microfossils of the Early Archean Apex Chert: new evidence of the antiquity of life. **Science**, New York, v. 260, n. 5.108, p. 640-646, 1993.

SOARES, M. B.; SCHULTZ, C. L.; HORN, B. L. D. New information on *Riograndia guaibensis* Bonaparte, Ferigolo & Ribeiro, 2001 (Eucynodontia, Tritheledontidae) from the Late Triassic of southern Brazil: anatomical and biostratigraphic implications. **Anais da Academia Brasileira de Ciências,** Rio de Janeiro, v. 83, n. 1, p. 329-354, 2011.

SOUTO, P. R. F.; FERNANDES, M. A. Fossilized excreta associated to dinosaurs in Brazil. **Journal of South America Earth Sciences**, v. 57, p. 32-38, 2015.

TOHVER, E.; CAWOOD, P.; RICCOMINI, C.; LANA, C.; TRINDADE, R. I. F. Shaking a methane fizz: seismicity from the Araguainha impact event and the Permian-Triassic global carbon isotope record. **Palaeogeography, Palaeoclimatology, Palaeoecology,** Amsterdam, v. 387, p. 66-75, 2013.

TOHVER, E.; LANA, C.; CAWOOD, P. A.; FLETCHER, I. R.; JOURDAN, F.; SHERLOCK, S.; RASMUSSEN, B.; TRINDADE, R. I. F.; YOKOYAMA, E.; SOUZA FILHO, C. R.; MARANGONI, Y. Geochronological constraints on the age of a Permo–Triassic impact event: U–Pb and 40Ar/39Ar results for the 40 km Araguainha structure of central Brazil. **Geochimica et Cosmochimica Acta**, Amsterdam, v. 86, p. 214-227, 2012.

WOODBURNE, M. O. The Great American biotic interchange: dispersals, tectonics, climate, sea level and holding pens. **Journal of Mammalian Evolution,** New York, v. 17, n. 4, p. 245-264, 2010.

ZAHER, H.; POL, D.; CARVALHO, A. B.; NASCIMENTO, P. M.; RICCOMINI, C.; LARSON, P.; JUAREZ-VALIERI, R.; PIRES-DOMINGUES, R.; SILVA JR., N. J.; CAMPOS, D. A. A complete skull of an Early Cretaceous Sauropod and the evolution of advanced Titanosaurians. **PLoS ONE,** v. 6, n. 2, p. 1-10, 2011.

PERFIL GEOLÓGICO DA BORDA LESTE DA BACIA DO PARANÁ NO ESTADO DE SÃO PAULO

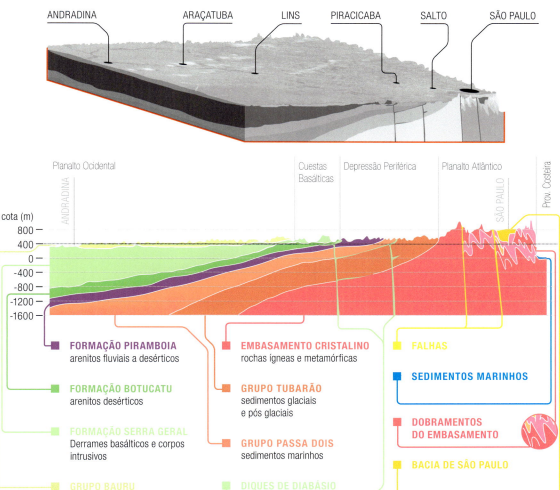

Esta figura mostra uma pequena porção da borda oriental da bacia do Paraná no estado de São Paulo. As extremidades das camadas de rochas sedimentares afloram em estreitas faixas próximas ao embasamento cristalino, e mergulham para oeste onde as mais antigas alcançam uma profundidade de até 10 Km. No lado ocidental da bacia, nos estados do Paraná, Mato Grosso e no Paraguai, as mesmas camadas afloram próximas ao embasamento cristalino. As rochas da Formação Botucatu equivalem ao aquífero Guarani, sempre sob as espessas camadas de rochas basálticas da Formação Serra Geral, das quais ainda falaremos à frente.

CRATERAS DE IMPACTO CONHECIDAS NO BRASIL

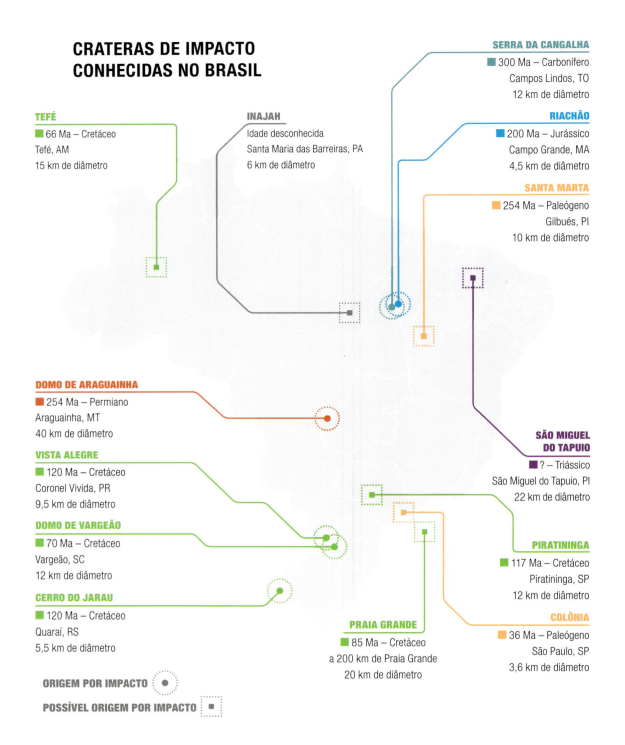

TEFÉ
- 66 Ma – Cretáceo
- Tefé, AM
- 15 km de diâmetro

INAJAH
- Idade desconhecida
- Santa Maria das Barreiras, PA
- 6 km de diâmetro

SERRA DA CANGALHA
- 300 Ma – Carbonífero
- Campos Lindos, TO
- 12 km de diâmetro

RIACHÃO
- 200 Ma – Jurássico
- Campo Grande, MA
- 4,5 km de diâmetro

SANTA MARTA
- 254 Ma – Paleógeno
- Gilbués, PI
- 10 km de diâmetro

DOMO DE ARAGUAINHA
- 254 Ma – Permiano
- Araguainha, MT
- 40 km de diâmetro

VISTA ALEGRE
- 120 Ma – Cretáceo
- Coronel Vivida, PR
- 9,5 km de diâmetro

DOMO DE VARGEÃO
- 70 Ma – Cretáceo
- Vargeão, SC
- 12 km de diâmetro

CERRO DO JARAU
- 120 Ma – Cretáceo
- Quaraí, RS
- 5,5 km de diâmetro

SÃO MIGUEL DO TAPUIO
- ? – Triássico
- São Miguel do Tapuio, PI
- 22 km de diâmetro

PIRATININGA
- 117 Ma – Cretáceo
- Piratininga, SP
- 12 km de diâmetro

PRAIA GRANDE
- 85 Ma – Cretáceo
- a 200 km de Praia Grande
- 20 km de diâmetro

COLÔNIA
- 36 Ma – Paleógeno
- São Paulo, SP
- 3,6 km de diâmetro

ORIGEM POR IMPACTO ●
POSSÍVEL ORIGEM POR IMPACTO ▪

A pré-história brasileira foi pontuada com milhares, se não milhões, de impactos de grandes asteroides e cometas. Se tem dúvidas sobre estes números, olhe a superfície da Lua com uma luneta e entenderá. Dos milhares de grandes cicatrizes que deixaram no Brasil, até o momento, apenas treze foram localizadas pelos geólogos, algumas das quais ainda aguardam confirmação. Veja se existe uma perto da região onde você mora.

A GEOGRAFIA DO FUTURO

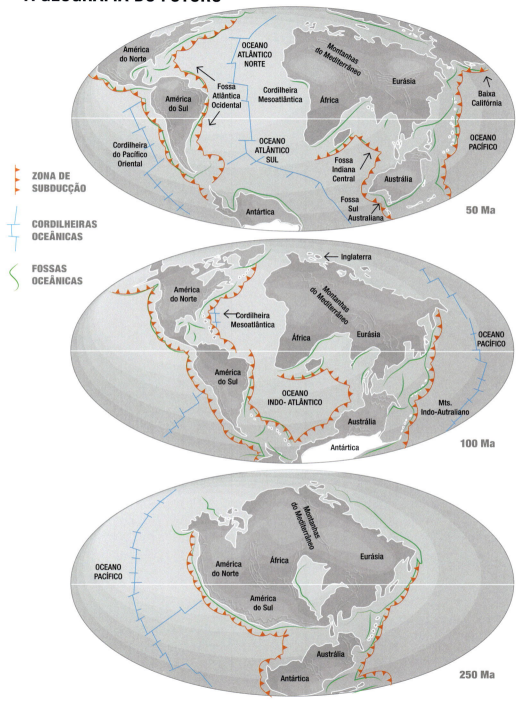

Assim como no passado, no futuro novos oceanos e continentes nascerão e morrerão. Quem é capaz de imaginar os caminhos que as linhagens atuais de mamíferos, répteis, anfíbios e peixes seguirão em sua evolução nas águas e sobre os continentes? Repare que toda a região costeira do Brasil estará em uma zona convergente de subducção, onde vulcões entrarão em atividade e imensas montanhas crescerão. Por fim, nossa costa montanhosa será banhada pelas águas do antigo oceano Índico que o novo Pangea engolirá.

A ÁRVORE DOS AMNIOTAS

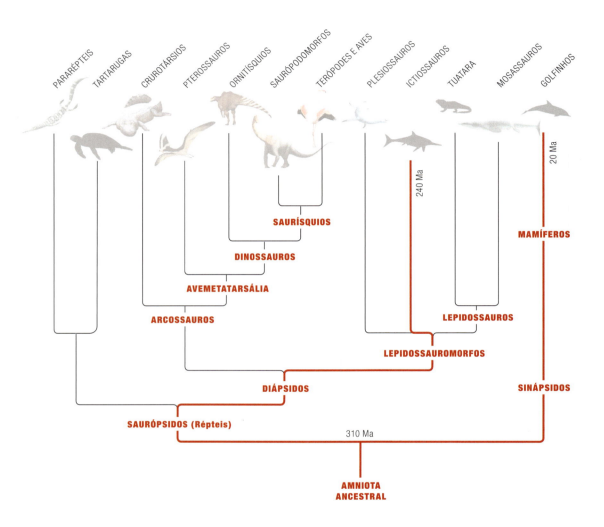

Nesta versão muito simplificada da árvore dos amniotas, observamos a relação de parentesco entre as diferentes linhagens dos animais que deixaram a vida anfíbia - notadamente pela aquisição do ovo com casca. Nela, percebemos que os crocodilos, pterossauros e dinossauros, construíram a linhagem dos répteis arcossauros, enquanto lagartos, cobras e os vários tipos de répteis marinhos, a dos lepidossauromorfos. Ela nos mostra também, de modo surpreendente, que aves são verdadeiramente répteis! A linha vermelha corre os 360 milhões de anos de evolução independente que separam os ictiossauros (répteis) dos golfinhos (mamíferos). Embora a distância evolutiva entre eles seja colossal, a vida encontrou soluções muito parecidas para resolver a volta de seus ancestrais terrestres para as águas, deixando-os muito semelhantes na aparência externa, em um dos mais curiosos exemplos de convergência evolutiva.

A ÁRVORE DA VIDA UNIVERSAL

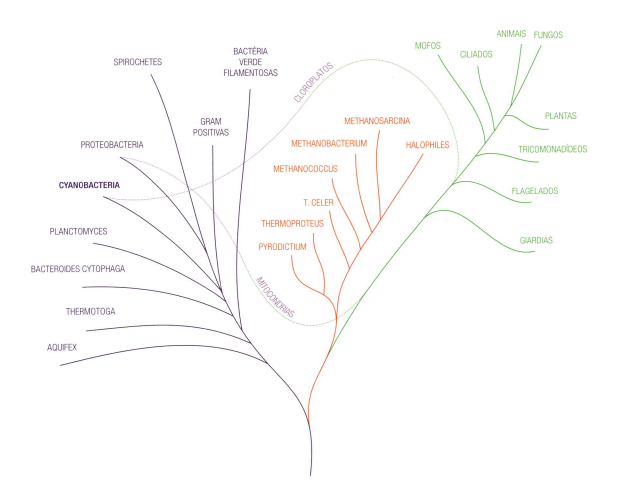

Esta árvore reúne toda a vida conhecida em três grandes domínios: Bacteria, Archaea e Eucarya. Não há vida que escape de seus ramos. Bactérias e arqueas fertilizam os oceanos, os continentes e a atmosfera desde o início da sua existência cerca de 4 bilhões de anos atrás. Nós, humanos, fazemos parte de um pequeno ramo na extremidade eucarionte, próximo aos fungos e às plantas. Ao longo do tempo, bactérias cruzaram os ramos da grande árvore para viver em constante simbiose com a vida complexa, fertilizando também os corpos de toda a vida animal e vegetal. Esta árvore merece nosso respeito, e devemos cuidar dela com toda a coragem e entusiasmo que formos capazes de reunir.

CÉLULA PROCARIONTE – CIANOBACTÉRIA

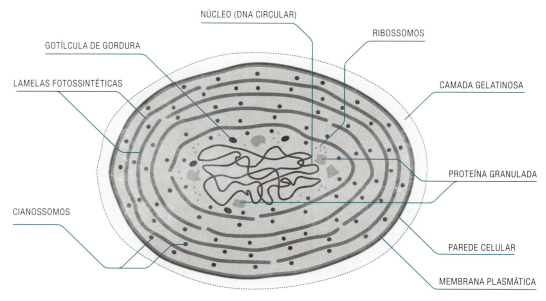

CÉLULA EUCARIONTE – CÉLULA VEGETAL

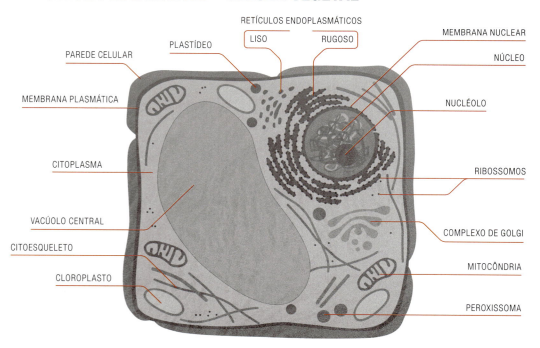

Células são as estruturas fundamentais da vida. Não há ser vivo que não tenha em sua composição ao menos uma delas. Por cerca de 2 Ga anos, somente células procariontes unicelulares microscópicas colonizaram a superfície terrestre. Por volta de 2,2 Ga, as super células eucariontes apareceram em decorrência de parcerias entre células procariontes. Na célula vegetal moderna acima, mitocôndrias, cloroplastos, e mesmo o núcleo, ainda retém o material genético dos inquilinos adquiridos bilhões de anos atrás. Como células eucariontes, a vida expandiu a complexidade unicelular até a multicelularidade. Embora não o vejamos, o mundo procarionte ainda está por aí, e a vida eucarionte foi estruturada sobre ele. Por isso, bactérias são de tal modo essenciais que, sem elas, toda a vida complexa desapareceria.

A ÁRVORE DOS ARCOSSAUROS

Seguindo o ramo direito do cladograma, é possível notar a escalada dos arcossauros em direção aos dinossauros, iniciada com arcossauromorfos sobreviventes da grande extinção do final do período Permiano. Cerca de 20 Ma se passaram desde a base do grande ramo até o aparecimento dos primeiros dinossauros. 230 Ma mais tarde, das várias linhagens de arcossauros, restaram somente as aves – representantes dos dinossauros – e os crocodilos – representantes dos crurotársios, vistos nas extremidades opostas deste cladograma.

AMBORELLA

Amborella trichopoda

A ÁRVORE DOS TERAPSÍDEOS

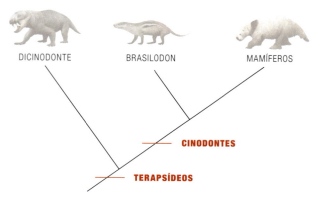

Neste cladograma simplificado dos terapsídeos vemos que representantes triássicos da nossa pré-história encontrados em rochas no Rio Grande do Sul, 230 Ma atrás, estavam próximos da linhagem que pouco mais tarde daria origem aos primeiros mamíferos.

PLACAS TECTÔNICAS

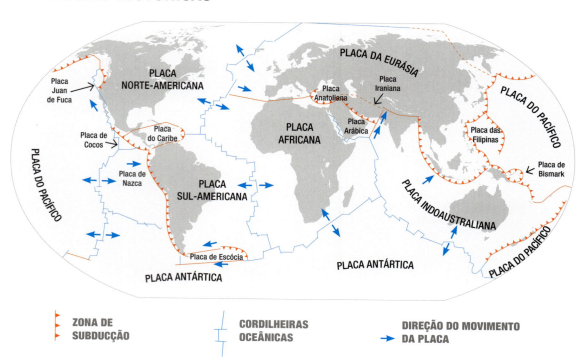

Escondidos no fundo dos oceanos ou em regiões remotas da Terra, estão os limites entre as placas tectônicas. Suas margens podem ser divergentes - onde se afastam, como nas cadeias mesoceânicas –, ou convergentes – onde se chocam ou então a crosta oceânica penetra sob a crosta continental dando origem às zonas de subducção. É nas margens convergentes onde normalmente ocorrem grandes vulcões e terríveis terremotos. Repare como o território brasileiro fica distante destas regiões.

PALEOGEOGRAFIA

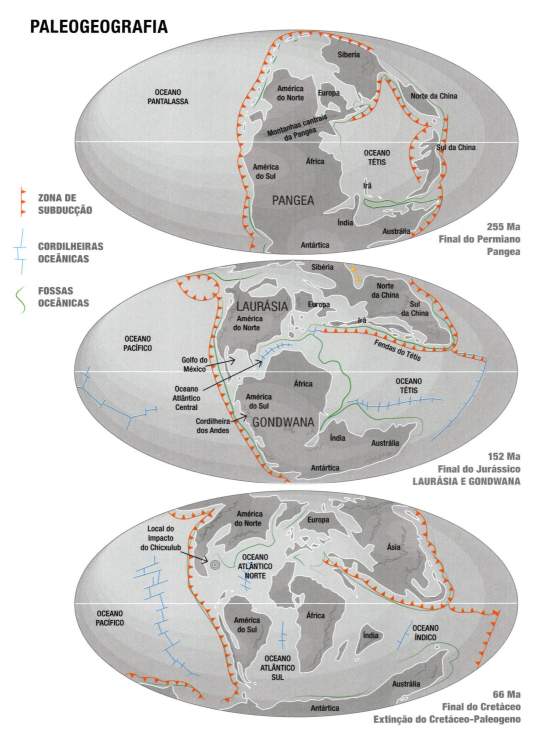

A posição aproximada dos continentes durante a era Mesozoica – Enquanto as placas tectônicas se movimentavam, oceanos e continentes nasciam e morriam. Sobre eles, faunas e floras se uniam ou eram fragmentadas dando origem a novos rumos na evolução das diferentes linhagens, acelerando ou freando a diversidade biológica. Repare como durante quase toda a era Mesozoica, até cerca de 130 Ma atrás, o futuro território brasileiro permaneceu no interior do Pangea e Gondwana, distante da umidade das regiões costeiras. Esta foi uma das razões porque grandes desertos se estabeleceram por aqui durante a era dos dinossauros.

BACIAS SEDIMENTARES DO BRASIL

O Brasil possui boa parte do seu território - entre 50% - 60% - coberto por bacias sedimentares fanerozoicas, regiões que no passado afundaram acumulando sedimentos, e nestes, os restos da vida. As bacias paleozoicas podem guardar fósseis da vida bem antiga, tempo quando boa parte dos animais estava ainda restrita às águas – trilobitas e outros organismos conchíferos. As bacias mesozoicas brasileiras guardam restos de répteis arcossauros - crocodiliformes, pterossauros e dinossauros, além de pequenos terapsídeos ancestrais dos mamíferos. Várias bacias mesozoicas estão hoje afogadas próximas ao litoral brasileiro. Destas vêm boa parte do nosso petróleo. Bacias cenozoicas guardam vestígios da vida peculiar que se desenvolveu em nossas terras enquanto a América do Sul permanecia isolada do resto do mundo. As cores neste mapa seguem o padrão internacional, indicando as diferentes idades dos sedimentos. Em rosa escarlate estão terrenos pré-cambrianos muito antigos onde vestígios fósseis são extremamente raros. Se quiser ser paleontólogo, fuja destas regiões.

RIFTES

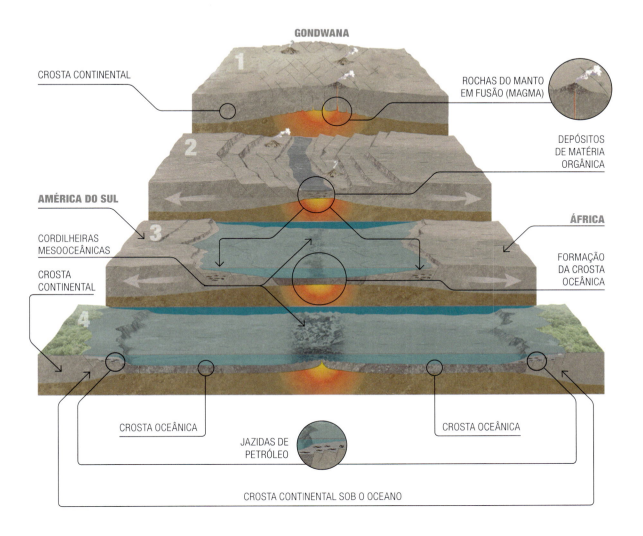

Os diagramas mostram a sequência de rompimento do Gondwana, o nascimento da América do Sul, da África e do oceano Atlântico e a formação dos depósitos de petróleo do pré-sal. **1.** A expansão da pluma mantélica expande e funde a crosta dando origem a uma série de fraturas e vulcões sobre o imenso Gondwana. **2.** As fraturas causam o abatimento da crosta em extensos riftes (depressões), onde lagos de água doce se instalam. Lá a vida se multiplica, acumulando matéria orgânica, que dará origem ao óleo. **3.** Tem início a formação da crosta oceânica, indicando o nascimento dos continentes e de um novo oceano. Os depósitos formados na crosta continental migram com as placas tectônicas. **4.** A cordilheira mesoceânica cresce no centro do oceano, expandindo e empurrando os continentes para lados opostos. Os depósitos de petróleo permanecem alojados no interior das plataformas continentais sul-americanas e africanas, afogados sob as águas do oceano Atlântico.

REGIÕES NO BRASIL ONDE FÓSSEIS DE DINOSSAUROS PODEM SER ENCONTRADOS

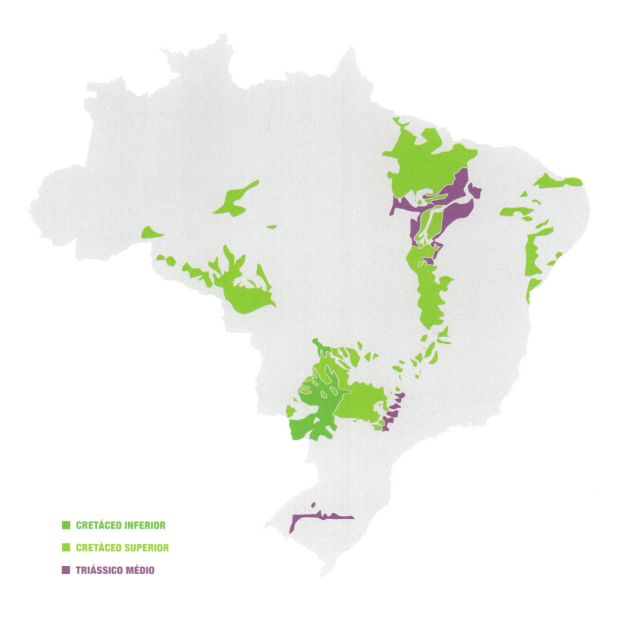

- CRETÁCEO INFERIOR
- CRETÁCEO SUPERIOR
- TRIÁSSICO MÉDIO

As regiões coloridas no mapa do Brasil representam as áreas onde rochas da era Mesozoica podem aparecer na superfície junto às margens de rios, cortes de rodovias, e morros. Nelas, você poderá encontrar restos de esqueletos de dinossauros dos períodos Triássico e Cretáceo. Veja se a região onde você mora fica próxima ou sobre uma destas áreas.

O MILAGRE DA FOSSILIZAÇÃO

Aproximadamente 230 milhões de anos se passaram desde a morte do dinossauro *Staurikosaurus pricei* – o primeiro dinossauro descoberto no Brasil –, até que seu esqueleto fosse encontrado em 1936 pelo paleontólogo gaúcho Llewellyn Ivor Price. Ao longo deste tempo quase infinito, este esqueleto foi levado até centenas e metros abaixo da superfície enquanto a bacia sedimentar do Paraná afundava sob a imensa coluna de sedimentos. O tempo o transformou em rocha. A dinâmica terrestre novamente o trouxe para a superfície durante um intervalo de tempo insignificante da longa história geológica, quando primatas inteligentes resolveram procurar por esqueletos fossilizados. Foi um milagre alguém ter encontrado os restos da pequena criatura. A água turva trouxe os finos sedimentos que durante alguns anos cobriu e protegeu o esqueleto da destruição. Recentemente, ainda permanecia protegido por alguns centímetros de rocha da erosão que o destruiria, até que foi encontrado pelo paleontólogo. Este é o único esqueleto de *Staurikosaurus* conhecido, o único encontrado lá em 80 anos. O esqueleto original está guardado nas coleções do Museu de Anatomia Comparada da Universidade de Harvard, nos Estados Unidos.

A ESCALA DO TEMPO GEOLÓGICO

Ma= Milhões de anos
Ga= Bilhões de anos

EVENTOS E SUBDIVISÕES DO TEMPO GEOLÓGICO

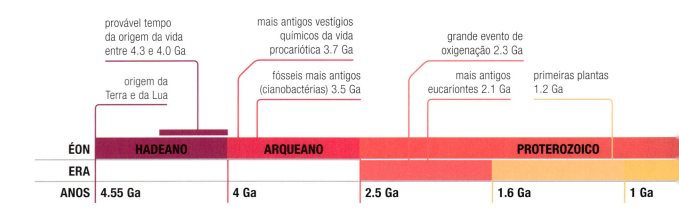

A escala do tempo geológico está entre as maiores conquistas da cultura humana. Iniciada há séculos quando, ao observar as sucessões de rochas e fósseis, os primeiros naturalistas começaram a desconfiar da idade da Terra, que no seu tempo era estimada em poucos milhares de anos. Ela foi primeiramente subdividida em intervalos relativos de acordo com o conteúdo fóssil encontrado nas rochas. Nas últimas décadas, com o aprimoramento das datações radiométricas, a linha do tempo ganhou idades absolutas em milhares, milhões e bilhões de anos. Fracionada em éons, eras, períodos e épocas, hoje podemos reconhecer nela a sucessão dos eventos geológicos e biológicos ocorridos desde o nascimento da Terra 4,55 bilhões de anos atrás. A escala no topo da página mostra a relação temporal exata entre os diferentes éons. O Fanerozoico, iniciado próximo ao aparecimento dos primeiros animais, quando a vida tornou-se visível, equivale a apenas 12% de toda a história da Terra. Neste intervalo de 541 milhões de anos está todo o registro da vida complexa, desde a grande explosão da vida multicelular animal ao aparecimento e extinção dos dinossauros, como da maioria dos eventos geológicos e biológicos ocorridos no atual território brasileiro, descritos neste livro. No entanto, foi nos 4 bilhões de anos anteriores que a vida bacteriana invisível surgiu e se desenvolveu, alterando a química dos oceanos, da atmosfera, assim como da superfície dos continentes. Sem elas, a vida complexa jamais teria se desenvolvido. Viva as bactérias!

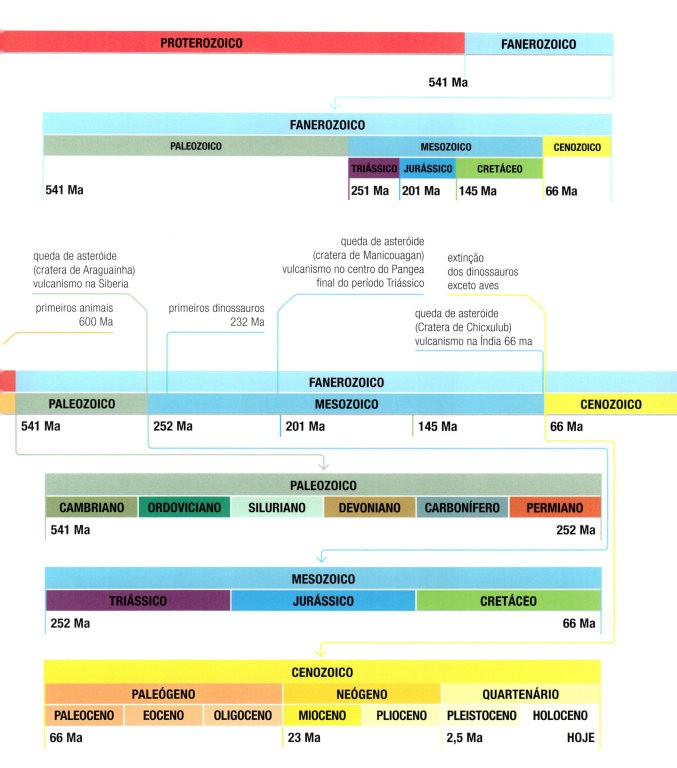

ARCOSSAURO CRUROTÁRSIO – FITOSSAURO

Significado do nome	lagarto + planta (acreditava-se que os fitossauros eram animais herbívoros)
Onde foi encontrado	Candelária (RS)
Trabalho científico	KISCHLAT, E. E.; LUCAS, S. G. A phytosaur from the Upper Triassic of Brazil. **Journal of Vertebrate Paleontology,** Oxford, v. 23, n. 2, p. 464-467, 2003.
Formação geológica e idade	formação Santa Maria, período Triássico, 230 Ma
Comprimento e peso	5 m e 800 kg
Dieta	carnívora (peixes e outros animais)

DINOSSAUROMORFO SILESSAURÍDEO – *SACISAURUS AGUDOENSIS*

Significado do nome	lagarto-saci de Agudo (apenas pernas direitas foram encontradas)
Onde foi encontrado	próximo à cidade de Agudo (RS)
Trabalho científico	FERIGOLO, J.; LANGER, M. C. A Late Triassic dinosauriform from south Brazil and the origin of the ornithischian predentary bone. **Historical Biology,** Oxford, v. 19, n. 1, p. 1-11, 2006.
Formação geológica e idade	formação Santa Maria, período Triássico, 220 Ma
Comprimento e peso	1,4 m e 25 kg
Dieta	herbívora

DINOSSAURO SAUROPODOMORFO – *PAMPADROMAEUS BARBERENAI*

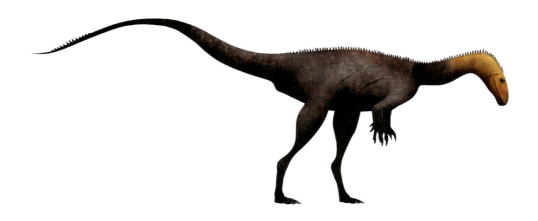

Significado do nome	corredor dos pampas + barberenai (em homenagem ao ilustre paleontólogo Mário Costa Barberena)
Onde foi encontrado	próximo à cidade de Agudo (RS)
Trabalho científico	CABREIRA, S. F.; SCHULTZ C. L.; BITTENCOURT J. S.; SOARES M. B.; FORTIER D. C.; SILVA, L. R.; LANGER M. C. New stem-sauropodomorph (Dinosauria, Saurischia) from the Triassic of Brazil. **Naturwissenschaften,** Berlin, v. 98, n. 12, p. 1.035-1.040, 2011.
Formação geológica e idade	formação Santa Maria, período Triássico, 230 Ma
Comprimento e peso	1,20 m e 15 kg
Dieta	onívora (insetos, pequenos animais e vegetais)

DINOSSAURO SAURÓPODE – *MAXAKALISAURUS TOPAI*

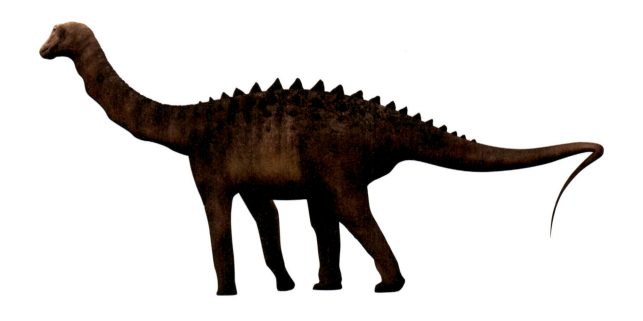

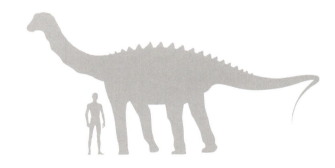

Significado do nome	em homenagem aos índios Maxakali, que vivem na região onde os fósseis foram encontrados, e ao deus tribal Topa, o qual adoram
Onde foi encontrado	serra da Boa Vista, na cidade de Prata (MG)
Trabalho científico	KELLNER, A. W. A.; CAMPOS, D. A.; AZEVEDO; S. A. K.; TROTTA, M. N. F.; HENRIQUES, D. D. R.; CRAIK, M. M. T.; SILVA, H. P. On a new titanosaur sauropod from the Bauru Group, Late Cretaceous of Brazil. **Boletim do Museu Nacional – Série Geologia,** Rio de Janeiro, v. 74, p. 1-31, 2006.
Formação geológica e idade	formação Adamantina, período Cretáceo, 80 Ma
Comprimento e peso	13 m e 9 ton
Dieta	herbívora

PARARRÉPTIL MESOSSAURÍDEO – *STEREOSTERNUM TUMIDUM*

Significado do nome	Torax robusto
Onde foi encontrado	vários estados das regiões Sul e Sudeste do Brasil
Trabalho científico	MAC GREGOR, J. H. *Mesosaurus brasiliensis* nov. sp., parte II. In **Relatório final da Comissão de Estudos das Minas de Carvão de Pedra do Brasil.** Rio de Janeiro DNPM, 1988.
Formação geológica e idade	formação Irati, período Permiano, 275 Ma
Comprimento e peso	1 m e 1,5 kg
Dieta	carnívora

SAUROPTERÍGIO – PLESIOSSAURO

Significado do nome	quase lagarto
Onde foi encontrado	ilha do Cajual (MA)
Trabalho científico	VILAS BÔAS, I. C. C.; CARVALHO, I. S. Répteis marinhos (Mosasauria e Plesiosauria) do Cretáceo superior da bacia de São Luís (Maranhão, Brasil). In ROSSETTI, D. F., GÓES, A.; TRUCKENBRODT, W. (Org.). **O Cretáceo na bacia de São Luís-Grajaú.** Belém Museu Paraense Emílio Goeldi, 2001.
Formação geológica e idade	bacia de São Luís, formação Itapecuru, período Cretáceo, 95 Ma
Comprimento e peso	aproximadamente 5 m, entre 450 e 550 kg
Dieta	carnívora (peixes e amonoides)

SQUAMATA MOSASSAURÍDEO – *PLATECARPUS*

Significado do nome	pulso achatado (provável referência às mãos em forma de remo)
Onde foi encontrado	bacia de Sergipe, próximo à cidade de Aracaju (SE)
Trabalho científico	BENGTSON, P.; LINDGREN, J. First record of the mosasaur *Platecarpus* Cope, 1869 from South America and its systematic implications. **Revista Brasileira de Paleontologia,** Porto Alegre, v. 8, p. 5-12, 2005.
Formação geológica e idade	bacia de Sergipe, formações Calumbi e Cotinguiba, período Cretáceo, entre 90 e 80 Ma
Comprimento e peso	até 4 m, entre 350 e 550 kg
Dieta	carnívora (peixes, plesiossauros e amonoides)

DINOSSAURO TERÓPODE – *MIRISCHIA ASSIMETRICA*

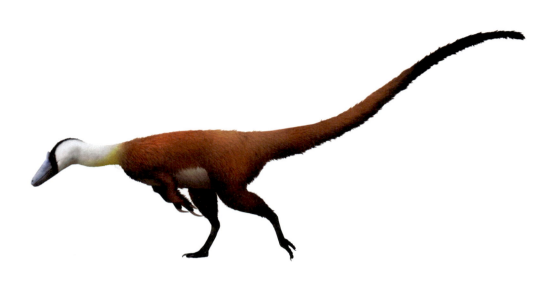

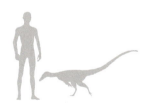

Significado do nome	ossos diferentes na cintura
Onde foi encontrado	Chapada do Araripe (CE)
Trabalho científico	MARTILL, D. M.; FREY, E.; SUES, H. D.; CRUICKSHANK, A. R. I. Skeletal remains of a small theropod dinosaur with associated soft structures from the Lower Cretaceous Santana Formation of northeastern Brazil. **Canadian Journal of Earth Sciences,** Birmingham, v. 37, n. 6, p. 891-900, 2000.
Formação geológica e idade	bacia do Araripe, formação Santana, período Cretáceo, 110 Ma
Comprimento e peso	2 m e 35 kg
Dieta	carnívora, insetívora

TRILOBITA – *BURMEISTERIA NOTICA*

Significado do nome	Burmeister (em homenagem ao naturalista alemão Carlos Germán Conrado Burmeister)
Onde foi encontrado	próximo à cidade de Jaguariaíva (PR)
Trabalho científico	CLARKE, J. M. Fósseis devonianos do Paraná. **Monographia do Serviço Geológico e Mineralógico do Brasil,** Rio de Janeiro, v. 1, p. 1-353, 1913.
Formação geológica e idade	bacia do Paraná, formação Ponta Grossa, período Devoniano, 400 Ma
Comprimento e peso	até 20 cm
Dieta	filtradora de partículas orgânicas

ANFÍBIO – *NOTOPUS PETRI*

Significado do nome	pata do sul + petri (que significa "pedra", em homenagem ao paleontólogo italiano Piero Leonardi)
Onde foi encontrado	em rochas próximas à cidade de Tibagi (PR)
Trabalho científico	LEONARDI, G. *Notopus petri* nov. gen., nov. sp. une empreinte d'Amphibien du Dévonien au Paraná (Brésil). **Geobios,** Oxford, v. 16, n. 2, p. 233-239, 1983.
Formação geológica e idade	bacia do Paraná, formação Ponta Grossa, período Devoniano, 400 Ma
Comprimento e peso	1,5 m e 25 kg
Dieta	carnívora

DINOSAURO AVERAPTORA (AVE) – CONDOR TERATHORNITIDAE – *TAUBATORNIS CAMPBELLI*

Significado do nome	ave-monstro de Taubaté
Onde foi encontrado	extração de argila na cidade de Tremembé (SP)
Trabalho científico	OLSON, S. L.; ALVARENGA, H. M. F. A new genus of small teratorn from the Middle Tertiary of the Taubaté Basin, Brazil (Aves Teratornithidae). **Proceedings of the Biological Society of Washington,** Washington, D.C., v. 115, n. 4, p. 701-705, 2002.
Formação geológica e idade	bacia de Taubaté, formação Tremembé, limite Oligoceno-Mioceno, 23 Ma
Comprimento e peso	até 3,5 m de envergadura e 15 kg
Dieta	detritívora carniceira

MAMÍFERO ASTAPOTERÍDEO – ASTRAPOTÉRIO

Significado do nome	besta-relâmpago
Onde foi encontrado	extração de argila na cidade de Tremembé (SP)
Trabalho científico	SORIA, M. F.; ALVARENGA, H. M. F. Nuevos restos de mamíferos de la Cuenca de Taubaté, estado de São Paulo, Brasil. **Anais da Academia Brasileira de Ciências,** Rio de Janeiro, v. 61, n. 2, p. 157-175, 1989.
Formação geológica e idade	bacia de Taubaté, formação Tremembé, limite Oligoceno-Mioceno, 23 Ma
Comprimento e peso	2,5 m e 700 kg
Dieta	herbívora

DINOSSAURO AVERAPTORA (AVE) – FLAMINGOS – *AGNOPTERUS SICKI*

Significado do nome	cordeiro alado + sick (em homenagem ao célebre ornitólogo alemão Helmut Sick, que por muitos anos trabalhou no Brasil)
Onde foi encontrado	extração de argila na cidade de Tremembé (SP)
Trabalho científico	ALVARENGA, H. M. F. Flamingos fósseis da Bacia de Taubaté, estado de São Paulo, Brasil descrição de nova espécie. **Anais da Academia Brasileira de Ciências,** Rio de Janeiro, v. 62, n. 4, p. 335-345, 1990.
Formação geológica e idade	bacia de Taubaté, formação Tremembé, limite Oligoceno-Mioceno, 23 Ma
Comprimento e peso	1,50 m de envergadura e 4 kg
Dieta	onívora

DINOSSAURO AVERAPTORA (AVE) – *PARAPHYSORNIS BRASILIENSIS*

Significado do nome	ave da natureza brasileira
Onde foi encontrado	extração de argila na cidade de Tremembé (SP)
Trabalho científico	ALVARENGA, H. M. F. Uma gigantesca ave fóssil do cenozoico brasileiro *Physornis brasiliensis* sp. n. **Anais da Academia Brasileira de Ciências,** Rio de Janeiro, v. 54, n. 4, p. 697-712, 1982.
Formação geológica e idade	bacia de Taubaté, formação Tremembé, limite Oligoceno-Mioceno, 23 Ma
Comprimento e peso	1,8 m de altura e 180 kg
Dieta	existem dúvidas sobre o hábito alimentar das aves-terror. Sempre se acreditou que fossem carnívoras, mas atualmente há quem pense que fossem herbívoras.

CRUROTÁRSIO ALIGATORÍDEO – *MOURASUCHUS BRASILIENSIS*

Significado do nome	crocodilo de moura (em homenagem a Pedro Moura, superintendente de exploração da Petrobrás na Amazônia)
Onde foi encontrado	sedimentos às margens dos rios Juruá e Acre (AC)
Trabalho científico	PRICE, L. I. Sobre o crânio de um grande crocodilídeo extinto do alto rio Juruá, estado do Acre. **Anais da Academia Brasileira de Ciências,** Rio de Janeiro, v. 36, n. 1, p. 59–66, 1964.
Formação geológica e idade	bacia do Acre, formação Solimões, Mioceno superior, 6 Ma
Comprimento e peso	10 m e 1,7 ton
Dieta	filtradora carnívora

CROCODILIA ALIGATORÍDEO – *PURUSAURUS BRASILIENSIS*

 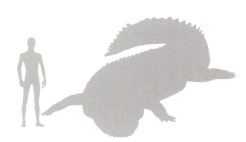

Significado do nome	lagarto brasileiro do rio Purus
Onde foi encontrado	às margens do rio Purus (AC)
Trabalho científico	RODRIGUES, J. B. Les reptiles fossils de la Vallée de L'Amazone. **Vellosia: contribuições do Museu Botânico do Amazonas.** Rio de Janeiro Imprensa Nacional, 1892. v. 2.
Formação geológica e idade	bacia do Acre, formação Solimões, Mioceno superior, 6 Ma
Comprimento e peso	14 m e 3 ton
Dieta	carnívora

MAMÍFERO ROEDOR – *PHOBEROMYS PATTERSONI*

Significado do nome	provavelmente significa roedor assustador
Onde foi encontrado	às margens do rio Purus (AC)
Trabalho científico	MONES, A. Un Neoepiblemidae del Plioceno medio (Formación Urumaco) de Venezuela (Mammalia, Rodentia, Caviomorpha. **Ameghiniana,** Buenos Aires, v. 17, n. 3, p. 277-279, 1980.
Formação geológica e idade	bacia do Acre, formação Solimões, Mioceno superior, 6 Ma
Comprimento e peso	3 m e 700 kg
Dieta	herbívora

ARCOSSAURO CRUROTÁRSIO – *PRESTOSUCHUS CHINIQUENSIS*

Significado do nome	crocodilo veloz de Chiniquá (nome de um sítio paleontológico)
Onde foi encontrado	rochas próximas à cidade de Candelária (RS)
Trabalho científico	HUENE, F. VON. Die fossilen Reptilien des südamerikanischen Gondwanalandes. **Neues Jahrbuch für Mineralogie, Geologie und Paläontologie, Abteilung B,** Stuttgart, p. 142-151, 1938.
Formação geológica e idade	formação Santa Maria, 220 Ma
Comprimento e peso	7 m e 1 ton
Dieta	carnívora

CRUROTÁRSIO AETOSSAURO – *AETOBARBAKINOIDES BRASILIENSIS*

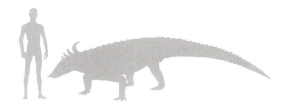

Significado do nome	Aetossauro brasileiro de pernas longas
Onde foi encontrado	São Pedro do Sul (RS)
Trabalho científico	DESOJO, J. B.; EZCURRA M. D.; KISCHLAT, E. E. A new aetosaur genus (Archosauria Pseudosuchia) from the early Late Triassic of southern Brazil. ***Zootaxa***, Auckland, v. 3.166, p. 1-33, 2012.
Formação geológica e idade	formação Santa Maria, período Triássico, 228 Ma
Comprimento e peso	1,20 m e 150 kg
Dieta	herbívora (ramos e folhas)

SINAPSÍDEO DICINODONTE – *DINODONTOSAURUS TURPIOR*

Significado do nome	lagarto terrível, dentuço e vil (mas não é um réptil)
Onde foi encontrado	sítio paleontológico de Chiniquá, próximo às cidades de São Pedro do Sul e Candelária (RS)
Trabalho científico	HUENE, F. VON. **Die fossilen Reptilien des südamerikanischen Gondwanalandes.** Ergebnisse der Sauriergrabungen in Südbrasilien 1928/29. Lieferung I Anomodontia. Tübingen (F. Heine), 1935.
Formação geológica e idade	formação Santa Maria, período Triássico, 230 Ma
Comprimento e peso	2,5 m e 300 kg
Dieta	herbívora

TERAPSÍDEO CINODONTE – *BRASILODON QUADRANGULARIS*

Significado do nome	dente brasileiro
Onde foi encontrado	Faxinal do Soturno (centro do RS)
Trabalho científico	BONAPARTE, J. F.; MARTINELLI, A. G.; SCHULTZ, C. L.; RUBERT, R. The sister group of mammals small cynodonts from the Late Triassic of Southern Brazil. **Revista Brasileira de Paleontologia,** Porto Alegre, v. 5, p. 5-27, 2003.
Formação geológica e idade	formação Caturrita, período Triássico, 216 Ma
Comprimento e peso	15 cm e 25 g
Dieta	carnívora (insetos e outros pequenos invertebrados)

RÉPTIL RINCOSSAURO – *HYPERODAPEDON HUENEI*

Significado do nome	dente de pilão + huenei (em homenagem ao Prof. Friedrich von Huene, seu descobridor)
Onde foi encontrado	próximo à cidade de São Pedro do Sul (RS)
Formação geológica e idade	formação Santa Maria, 220 Ma
Trabalho científico	LANGER, M. C.; SCHULTZ, C. L. A new species of the Late Triassic rhynchosaur *Hyperodapedon* from the Santa Maria Formation of South Brazil. **Palaeontology,** Hoboken, v. 43, n. 4, p. 633-652, 2000.
Comprimento e peso	1,3 m e 40 kg
Dieta	herbívora

DINOSSAURO TERÓPODE – *PYCNONEMOSAURUS NEVESI*

Significado do nome	lagarto do mato grosso
Onde foi encontrado	nos estados do Mato Grosso, São Paulo, Minas Gerais e Maranhão
Formação geológica e idade	período Cretáceo superior, entre 90 e 65 Ma
Trabalho científico	KELLNER, A. W. A.; CAMPOS, D. A. On a theropod dinosaur (Abelisauria) from the continental Cretaceous of Brazil. **Arquivos do Museu Nacional do Rio de Janeiro,** Rio de Janeiro, v. 60, n. 3, p. 163-170, 2002.
Comprimento e peso	8 m e 3 ton
Dieta	carnívora

LIPTOTERNA MACRAUQUENIDAE – *XENORHINOTHERIUM BAHIENSIS*

Significado do nome	besta da Bahia de nariz estranho
Onde foi encontrado	em todo o Brasil e América do Sul há mais de cem anos
Formação geológica e idade	sedimentos com 7 Ma até 10 mil anos de idade
Trabalho científico	CARTELLE, C.; LESSA, G. Descrição de um novo gênero e espécie de Macrauchenidae (Mammalia, Litopterna) do Pleistoceno do Brasil. **Paulacoutiana,** Viçosa, v. 3, p. 3-26, 1988.
Comprimento e peso	3 m e 800 kg
Dieta	herbívora

MAMÍFERO NOTOUNGULADO – *TOXODON PLATENSIS*

Significado do nome	dente curvo platense (da região de La Plata, Argentina)
Onde foi encontrado	em todo o Brasil e Argentina
Formação geológica e idade	sedimentos com 2,5 Ma até 10 mil anos de idade
Trabalho científico	OWEN, R. A description of the cranium of the *Toxodon platensis*, a gigantic extinct mammiferous species, referrible by its dentition to the Rodentia, but with affinities to the Pachydermata and the herbivorous Cetacea. **Proceedings of the Geological Society of London,** London, v. 2, p. 541-542, 1837.
Comprimento e peso	2,7 m e 1 ton
Dieta	herbívora

MAMÍFERO XENARTRA – *HOPLOPHORUS EUPHRACTUS*

Significado do nome	que carrega uma armadura até a cauda
Onde foi encontrado	cavernas na região de Lagoa Santa (MG)
Formação geológica e idade	sedimentos com 1 Ma até 10 mil anos de idade
Trabalho científico	LUND, P. W. Blik paa Brasiliens dyreverden för sidste jorgdomvaeltning. Anden afhandling Pattedyrene (Lagoa Santa d. 16 de novbr. 1837). **Det Kongelige Danske Videskabernes Selskabs Naturvidenskabelige og Mathematiske Afhandlinger**, København, 8:61-144, 1839.
Comprimento e peso	2 m e 400 kg
Dieta	herbívora (raízes e tubérculos)

TIGRE-DENTE-DE-SABRE – *SMILODON POPULATOR*

Significado do nome	o popular dente de faca
Onde foi encontrado	cavernas na região de Lagoa Santa (MG)
Formação geológica e idade	sedimentos com 1 Ma até 10 mil anos de idade
Trabalho científico	LUND, P. W. Blik paa Brasiliens Dyreverden för Sidste orgdomvaeltning. Fjerde Afhandling *FORTSAETTELSE AF PATTEDYRENE. LAGOA SANTA DEN 30TE. JANUAR 1841.* **DET KONGELIGE DANSKE VIDESKABERNES SELSKABS NATURVIDENSKABELIGE OG MATHEMATISKE AFHANDLINGER,** *KØBENHAVN, 9:137-208, 1842.*
Comprimento e peso	2,3 m e 400 kg
Dieta	carnívora

PREGUIÇA GIGANTE – *EREMOTHERIUM LAURILLARDI*

Significado do nome	Besta solitária
Onde foi encontrado	cavernas na região de Lagoa Santa (MG)
Formação geológica e idade	sedimentos com 5 Ma até 10 mil anos de idade
Trabalho científico	LUND, P. W. Blik paa Brasiliens Dyreverden för Sidste orgdomvaeltning. Fjerde Afhandling *FORTSAETTELSE AF PATTEDYRENE. LAGOA SANTA DEN 30TE. JANUAR 1841.* **DET KONGELIGE DANSKE VIDESKABERNES SELSKABS NATURVIDENSKABELIGE OG MATHEMATISKE AFHANDLINGER,** *KØBENHAVN, 9:137-208, 1842*.
Comprimento e peso	6 m e 3 ton
Dieta	herbívora

MAMÍFERO MARSUPIAL – *BRASILICHNUM ELUSIVUM*

Significado do nome	misterioso vestígio brasileiro
Onde foi encontrado	pedreira São bento, Araraquara (SP)
Formação geológica e idade	formação Botucatu, período Cretáceo, 135 Ma
Trabalho científico	LEONARDI, G. Novo icnogênero de tetrápode mesozoico da Formação Botucatu, Araraquara, SP. **Anais da Academia Brasileira de Ciências**, Rio de Janeiro, v. 53, n. 4, p. 793-805.
Comprimento e peso	40 cm e 1 kg
Dieta	carnívora insetívora

DINOSSAURO TERÓPODE – CELUROSSAURO

Significado do nome	lagarto de cauda oca
Onde foi encontrado	apenas suas pegadas foram encontradas, na pedreira São Bento, Araraquara (SP)
Formação geológica e idade	formação Botucatu, período Cretáceo, 135 Ma
Trabalho científico	LEONARDI, G.; OLIVEIRA, F. H. A revision of the Triassic and Jurassic tetrapod footprints of Argentina and a new approach on the age and meaning of the Botucatu Formation footprints (Brazil). **Revista Brasileira de Geociências,** São Paulo, v. 2, n. Kl-4, p. 216-22, 1990.
Comprimento e peso	2 m e 10 kg
Dieta	carnívora

DINOSSAURO ORNITÓPODE

Significado do nome	pés de ave
Onde foi encontrado	Sousa, Vale dos dinossauros (PB)
Formação geológica e idade	formação Antenor Navarro, período Cretáceo, 130 Ma
Trabalho científico	LEONARDI, G.; CARVALHO, I. S. As pegadas de dinossauros das bacias do rio do Peixe, PB. In SCHOBBENHAUS, C.; CAMPOS, D. A.; QUEIROZ, E. T.; WINGE, M.; BERBERT, C. O.; BORN, M. (Org.). **Sítios geológicos e paleontológicos do Brasil.** Brasília DNPM, 2002.
Comprimento e peso	6 m e 3 ton
Dieta	herbívora

INSETO ORTÓPTERO – *BRONTOGRYLLUS EXCELSUS*

Significado do nome	ilustre grilo trovão
Onde foi encontrado	rochas da chapada do Araripe (CE)
Trabalho científico	MARTINS-NETO, R. G. Sistemática dos Ensifera (Insecta, Orthopteroida) da formação Santana, Cretáceo inferior do Nordeste do Brasil. **Acta Geológica Leopoldensia,** Rio de Janeiro, v. 14, n. 32, p. 3-162, 1991.
Formação geológica e idade	formação Crato, período Cretáceo, 110 Ma
Comprimento e peso	3 cm e 5 g
Dieta	detritívora, comedor de matéria orgânica, especialmente de origem vegetal

DINOSSAURO TERÓPODE – *SANTANARAPTOR PLACIDUS*

Significado do nome	o ladrão de Santana
Onde foi encontrado	rochas da chapada do Araripe (CE)
Trabalho científico	KELLNER, A. W. A. Short note on a new dinosaur (Theropoda, Coelurosauria) from the Santana Formation (Romualdo Member, Albian), northeastern Brazil. **Boletim do Museu Nacional – Série Geologia,** Rio de Janeiro, v. 49, p. 1-8, 1999.
Formação geológica e idade	bacia do Araripe, formação Santana, 110 Ma
Comprimento e peso	1 m e 5 kg
Dieta	carnívora

PTEROSSAURO TAPEJARIDAE – *CAIUAJARA DOBRUSKII*

Significado do nome	caiuá (das rochas do grupo Caiuá), Jara (da família de pterossauros Tapejaridae) e dobruskii (em homenagem a Alexandre e João Dobruskii, seus descobridores)
Onde foi encontrado	Cruzeiro do Oeste (PR)
Trabalho científico	MANZIG, P. C.; KELLNER, A. W. A.; WEINSCHÜTZ, L. C.; FRAGOSO, C. E.; VEGA, C. S.; GUIMARÃES, G. B.; GODOY, L. C.; LICCARDO, A.; RICETTI, J. H. C.; MOURA, C. C. Discovery of a rare pterosaur bone bed in a cretaceous desert with insights on ontogeny and behavior of flying reptiles. **PLoS ONE**, v. 9, n. 8, p. 1-10, 2014.
Formação geológica e idade	formação Goio-Erê, período Cretáceo, 110 Ma
Comprimento e peso	2,4 m de envergadura e 9 kg
Dieta	possivelmente frutívora

PTEROSSAURO TAPEJARIDAE – *TUPANDACTYLUS IMPERATOR*

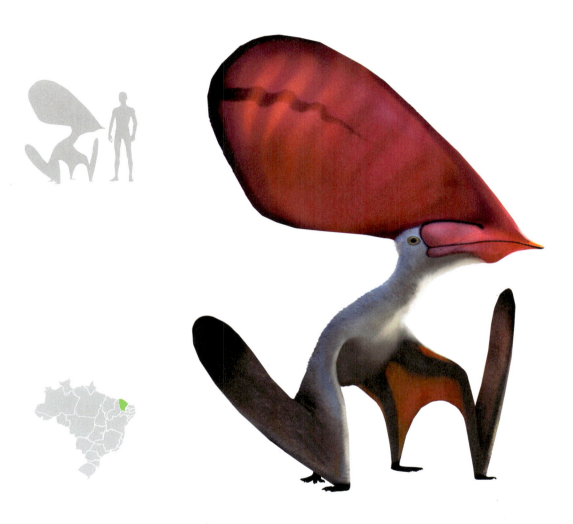

Significado do nome	dedo de Tupã (em homenagem a Tupã, o deus do trovão, o imperador)
Onde foi encontrado	bacia do Araripe, mina Triunfo, próximo à cidade de Nova Olinda (CE)
Formação geológica e idade	formação Santana, período Cretáceo, 110 Ma
Trabalho científico	CAMPOS, D. A.; KELLNER, A. W. A. Short note on the first occurrence of Tapejaridae in the Crato Member (Aptian), Santana Formation, Araripe Basin, Northeast Brazil. **Anais da Academia Brasileira Ciências,** Rio de Janeiro, v. 69, n. 1, p. 83-87, 1997.
Comprimento e peso	2,5 m de envergadura e 10 kg
Dieta	frutívora

DINOSSAURO TERÓPODE – DROMEOSSAURIDEO

Significado do nome	lagarto corredor
Onde foi encontrado	rochas da laje do Coringa, baía de São Marcos (MA)
Formação geológica e idade	bacia de São Luís, formação Alcântara, 100 Ma
Trabalho científico	ELIAS, F. A.; BERTINI, R.; MEDEIROS M. A. Velociraptorinae (Maniraptoriformes) teeth from the coringa flagstone outcrop, middle cretaceous of the São Luís--Grajaú Basin, Maranhão State, Northern – Northeastern Brazil. In CARVALHO, I. S.; CASSAB, R. C. T.; SCHWANKE, C.; CARVALHO, M. A.; FERNANDES, A. C. S.; RODRIGUES, M. A. C.; CARVALHO, M. S. S.; ARAI, M.; OLIVEIRA, M. E. Q. (Org.). **Paleontologia** cenários de vida. Rio de Janeiro
Comprimento e peso	2 m e 70 kg
Dieta	carnívora

DINOSSAURO DIPLODOCÍDEO – *AMAZONSAURUS MARANHENSIS*

Significado do nome	lagarto da Amazônia maranhense
Onde foi encontrado	rochas da laje do Coringa, Maranhão
Trabalho Científico	CARVALHO, I. S.; AVILLA, L. S.; SALGADO, L. 2003. *Amazonsaurus maranhensis* gen. et sp. nov. (Sauropoda, Diplodocoidea) from the Lower Cretaceous (Aptian–Albian) of Brazil. **Cretaceous Research**, Amsterdam, v. 24, p. 697-713.
Formação geológica e idade	bacia de São Luís, formação Alcântara, 100 Ma
Comprimento e peso	2 m e 70 kg
Dieta	herbívora

CROCODILOMORFO NOTOSSUQUÍDEO – *BAURUSUCHUS SALGADOENSIS*

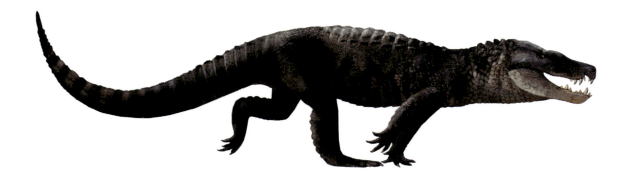

Significado do nome	homenagem à bacia sedimentar Bauru e à cidade em que foi descoberto
Onde foi encontrado	General Salgado (SP)
Trabalho científico	CARVALHO, I. S.; CAMPOS, A. C. A.; NOBRE, P. H. *Baurusuchus salgadoensis*, a new Crocodylomorpha from the Bauru Basin (Cretaceous), Brazil. **Gondwana Research,** Amsterdam, v. 8, n. 1, p. 11-30, 2005.
Formação geológica e idade	formação Adamantina, período Cretáceo, 90 Ma
Comprimento e peso	3 m e 200 kg
Dieta	carnívora

CROCODILOMORFO NOTOSSUQUÍDEO – *ARMADILLOSUCHUS ARRUDAI*

Significado do nome	Crocodilo-tatu + arrudai (em homenagem ao Prof. João Tadeu Arruda, seu descobridor)
Onde foi encontrado	General Salgado (SP)
Trabalho científico	MARINHO, T. S.; CARVALHO, I. S. An armadillo-like sphagesaurid crocodyliform from the Late Cretaceous of Brazil. **Journal of South American Earth Sciences,** Amsterdam, v. 27, n. 1, p. 36-41, 2009.
Formação geológica e idade	formação Adamantina, período Cretáceo, 90 Ma
Comprimento e peso	2 m e 120 kg
Dieta	herbívora (raízes, folhas e ramos)

Cratera do meteoro, Arizona, EUA, formada há 50 mil anos.

LUIZ EDUARDO ANELLI é professor de paleontologia do Instituto de Geociências da USP, onde vem se dedicando há 25 anos ao estudo de animais marinhos pré-históricos encontrados na América do Sul, Antártica, África e nos Estados Unidos. Na universidade coordena a Oficina de Réplicas, que já produziu dezenas de milhares de réplicas de fósseis de animais e plantas pré-históricas utilizadas como material didático em escolas e universidades de todo o Brasil. Organizou diversas exposições, como *Dinos na Oca*, no parque do Ibirapuera (São Paulo), e *A evolução dos dinossauros*, no Sabina Escola Parque do Conhecimento (Santo André), onde montou o único esqueleto de *Tyrannosaurus rex* em exposição permanente na América do Sul. Há dez anos ocupa boa parte do seu tempo dando aulas e escrevendo livros sobre os dinossauros e a pré-história brasileira, como *O guia completo dos dinossauros do Brasil*, *Dinos do Brasil* e *ABCDinos*, todos pela editora Peirópolis. Anelli é ciclista amador, e colabora, por isso, com a qualidade do ar e do trânsito na cidade onde mora, São Paulo.

JULIO LACERDA CAVALCANTE, designer gráfico e ilustrador, ingressou na paleoarte ainda jovem, aos 17 anos. Almejando aliar a liberdade da reconstrução de animais extintos com a essência do naturalismo presente em documentários sobre a vida selvagem, busca representar dinossauros como seres vivos complexos e realistas em aparência e comportamentos, protagonizando cenas corriqueiras. Suas ilustrações já foram publicadas e expostas em diversos países, como Japão (exposição *Pterossauros*, no Museu dos Dinossauros da Província de Fukui), Reino Unido (livro *All your yesterdays*, da editora Irregular Books) e Estados Unidos (publicação sobre o dinossauro *Siats meekerorum*, do Museu de Ciências Naturais da Carolina do Norte). Amante da natureza e assíduo viajante, Julio procura ao ar livre a inspiração para suas obras.